AQUÍ FUERA

David Porter Martínez

1

Conocí al amor de mi vida en un aeropuerto internacional. Uno de esos enormes centros comerciales a los que siempre eres remitido, si tu destino es una ciudad que no posea vuelo directo desde tu lugar de origen. En ellos puedes andar dando vueltas, perdido la mayor parte del tiempo, tratando de descifrar los jeroglíficos que acompañan, gracias a la vida, los carteles de turno escritos en el idioma local junto al impuesto como para todos los públicos. Yo contaba con la ventaja de la costumbre, me movía por aquellos lugares como quien pasea por su propio pueblo. Conocía el modo de conseguir un buen café, encontrar el mejor precio para probar la especialidad culinaria versión comida rápida del lugar, saborear la cerveza de rigor producida en aquella región, y lo que es más importante: llegar al lugar donde deshacerme de sus restos antes de embarcar. Todo fluía como una especie de intuición. Podría decir que actuaba maquinalmente. Sin casi proponérmelo, alcanzaba aquellos lugares a la perfección. Incluso otros casi tan importantes a la hora de viajar continuamente, como pueda ser conseguir localizar el punto exacto donde abonar el visado en caso necesario, o encontrar al funcionario siempre aburrido y serio, encargado de estamparle impasible el cuño que manchará inevitablemente de tinta, el con toda seguridad atractivo sello de las visas de su propio país.

Utilizar el matemático término enésimo, para referirme al empleo que me había llevado al extenso conocimiento de estos submundos paralelos a la realidad exterior, independientes y aislados del resto hasta el punto de poder afirmar que hay quien vive literalmente en ellos, sería quedarme demasiado corto si he de ser realmente sincero en el relato de mi llegada a esta situación. Mi curriculum vitae se extendería tanto y tan penosamente, que estas páginas no podrían jamás encontrar su final, no obstante, deberé volver a ello en un futuro próximo para poder hilvanar el enredado hilo de mi devenir vital. Baste ahora con indicar que había vuelto a encontrar el trabajo de mi vida, ese que cómo no, siempre había deseado y esperado con enorme ilusión: en estos momentos era lo que se conoce como personaje anónimo de aeropuerto. Sí, no estoy desvariando, todos nos habéis visto en vuestros viajes por el mundo, cuando en pequeños o grandes grupos emprendéis vuestras vacaciones, en vuestros viajes de novios o escapadas románticas, o cuando vuestros destinos son más formales, como una visita a un ser querido que vive lejos, o incluso cuando buscáis con lágrimas en los ojos por la despedida, encontrar el nuevo puesto de trabajo que os alejará del conocido hogar del que sois originarios. Pese a que la costumbre nos ha hecho prácticamente invisibles, estamos ahí. Fijaos en vuestro siguiente desplazamiento, cuando alegremente compartáis un tentempié en la cafetería de una zona de espera, cuando medio dormidos por el cansancio y el cambio horario os recostéis en una hilera de duros asientos esperando la apertura de la terminal de embarque, mientras comentáis las mejores imágenes del pasado viaje o los mejores deseos para el que os espera. Como una parte más del mobiliario, como una sombra apenas vista, casi como un fantasma borroso en una vieja fotografía, allí estamos. No importa el momento ni el lugar. Invariablemente vestimos trajes oscuros, entre la extensa gama de tonalidades que recoge el negro y el gris. Siempre se nos puede ver arrastrando una maleta de mano también oscura, con pequeñas ruedecitas que han recorrido más kilómetros de suelo constantemente pulido, de los que muchas personas caminarán a lo largo de sus vidas. Otra característica es el abrigo o gabardina, dependiendo de la estación del año, hoy aquí hace este clima, mañana, pasado, al otro… allí nunca se sabe. Esta es la única prenda que tal vez permita alguna variación en el color, por supuesto nunca será llamativo, algún tono de marrón lo más oscuro posible podría ser aceptado pero yo, personalmente, siempre prefiero los grises, parecen haberse convertido en el color que me define. Creo que no hace falta decir que entre nosotros también se encuentran mujeres. La única diferencia es que sus trajes son más entallados, o la pieza inferior es una sencilla falda acompañada de medias oscuras y discretos tacones en los pies, pensados para los innumerables pasos a los que serán sometidos. Si os apetece, fijaos bien en los zapatos que calzamos, son la única cosa que puede decir algo sobre nuestro carácter, la única cosa que tal vez, solo tal vez, puede decir algo sobre nuestras anónimas existencias, nuestra propia impersonalidad, algo así como el espejo de nuestras almas.

El día que conocí al amor de mi vida llovía. Era una de esas lluvias que sin poderlas llamar torrenciales, se mantienen en un constante caudal. Como un río estable y tranquilo, las gotas caían regulares y monótonas, ese tipo de lluvia que sin ser molestada por ninguna clase de viento o temporal, parece capaz de poder mantenerse así durante días, bajando desde un monocromo cielo gris blanquecino en el que si te fijas, es imposible distinguir una sola nube. El cielo parece una pantalla apagada y cóncava que se extiende hacia un horizonte infinito. Acabábamos de tomar tierra, y esperaba, sentado entre la elíptica ventanilla y un anciano medio dormido que luchaba por incorporarse, el momento de descender hacia el que no tenía por qué ser mi último transbordo del día. Los pasajeros ya habían comenzado a arremolinarse hacia la puerta, rebuscando sus maletas de mano entre el tumulto y dirigiendo sus miradas impacientes hacia las dos azafatas que podrían haber sido gemelas, las cuales, tras abrir la puerta del avión, despedían con gemelas sonrisas esculpidas en sus rostros a los impacientes viajeros, que se encaminaban, dejando atrás esa tensión disimulada que siempre precede al despegue o aterrizaje de un avión en el que te encuentras encerrado y a merced de los elementos, hacia el autobús que les acercaría a la terminal desde una de esas pistas de espera que se usan cuando el acceso no es directo a través de un túnel. Con la falta de interés y de urgencia que produce la costumbre, consulté mi reloj de pulsera para realizar unos cálculos respecto a mis siguientes pasos, para después dirigir mi atención hacia el exterior a través del diminuto y grueso doble cristal salpicado de lluvia. Varios aviones de diversas compañías y tamaños se ordenaban en espera de sus ocupantes, carritos como gruesos gusanos motorizados arrastraban maletas de un lado a otro. Más allá se extendían las pistas oscuras hacia las llanuras desoladas de abandonadas hierbas y hangares lejanos. El monótono paisaje que caracteriza a los aeropuertos nos rodeaba. Dejé que mi mente viajara también hacia otras épocas bajo la lluvia, cuando las cosas eran como se supone deben de ser, mucho antes de que el gastado casco del barco de mi vida hiciera agua y todo se fuera a pique.

2

El apagado repiqueteo de la lluvia continuaba su monótona canción. Su apacible susurro de cosa antigua, sabia y benigna llegaba a mis oídos desde la terraza de nuestro piso familiar. Al vivir en la última planta, nada se interponía entre la relajante voz de la lluvia y mis pequeñas orejas de niño. De noche ya, tras la cena y rodeado de invierno, yacía bajo las gruesas mantas de mi cama, sintiendo el todavía demasiado fuerte calor de la bolsa de goma cargada de agua caliente pegada a mi cuerpo. Atrás quedaba el día de colegio infantil y el juego con mis primeros amigos, donde se forjaron los primeros recuerdos de mi más temprana edad. Días en los que aprender las vocales o los trabajos manuales daban paso a los largos juegos sin mucho sentido a los que suelen entregarse los niños aún párvulos. Bajo un sol frío o un cielo gris, lo mismo era para nosotros, nos perseguíamos sin un objetivo definido por el patio de juego que formaban las cuatro paredes de nuestro recreo matinal. Todo nuestro mundo eran aquellas cuatro paredes cubiertas de cielo. Todo nuestro pesar era poder o no poder atrapar al compañero de juegos que huía de tu alcance si eras quien la llevaba.

Ahora, terminado ya el día, escuchaba la voz de mi madre en la cocina, que reñía a mi hermano mayor por no estar ya entre las sábanas, mientras sentía más allá el crujiente deslizar de la llave girando en la puerta que daba al rellano de la escalera común. Este sonido marcaba el auténtico final del día. Indicaba que tras terminar su trabajo en el turno de tarde, mi padre había llegado a casa, el círculo se cerraba y bajo la lluvia, todas las cosas habían regresado a su sitio, todo había transcurrido como debía ser, sin incidentes importantes o al menos graves. Bajo la cálida protección de mis mantas, esperaba el momento en que mi padre se diera una ducha en el baño situado junto a mi habitación, donde el correr del agua se entremezclaría con el susurro de la lluvia en los ladrillos. Terminada la ducha, secaba su cabello por miedo a coger frío, y el sonido del viejo secador de pelo crecía en una espiral envolvente con el rumor del gastado motorcito, realizando su simple función una vez más, girando con un susurro de cálido viento que dejaba allí fuera la fría y húmeda noche, dejaba atrás el día viejo mientras yo me perdía en sus redes de paz hacia un profundo y relajado sueño, de viaje hacia otro día nuevo y lleno de la ingenua tranquilidad de los niños.

3

¿De dónde venimos? ¿A dónde vamos? Son preguntas realizadas demasiadas veces a lo largo del espacio y del tiempo. Su uso continuado las ha llevado a perder su validez expresiva, las ha despojado de sentido, como cuando tras repetir muchas veces una palabra al azar acabas por sentir que no sabes qué significa, termina por sonar vacía, insulsa. Son preguntas que probablemente jamás encontrarán respuesta, ¿qué importa entonces? Encontramos problemas mucho más trascendentales en nuestro devenir: ¿qué somos? No como especie animal, pues la respuesta es obvia. ¿Qué somos en este mundo social? A iguales oportunidades todos podemos avanzar hacia nuestros objetivos vitales, tomar decisiones que nos lleven a alcanzar nuestros planes, sean estos simples o complejos, de altas miras o de bajas expectativas. ¿Acaso el ir cubriendo nuestras necesidades básicas de alimentación y cobijo no nos hace desear seguir subiendo en esa pirámide imaginaria de deseos y quehaceres? ¿Alguien podría negar que el ser humano más desesperado, con el estómago apenas lleno como para no morir de inanición, mientras espera el momento oportuno para saltar la alambrada que le acercará un poco más hacia la meta de obtener los derechos humanos básicos que le corresponden simplemente por haber nacido, no se detiene en su fría espera a contemplar las estrellas en la inmensidad del cielo sin dueño? Allí, en la intimidad de sí mismo piensa: ¿Quién soy? Todo ser humano intenta lograr sus metas y dar forma a su vida, todo ser humano busca, consigue o se conforma con lo que va ganándose día tras día.

¿Por qué algunas veces la cosa sale mal? ¿En qué hemos fallado un porcentaje significativo de seres humanos? Muchos encontrarán su destino pidiendo dinero en un semáforo para aplacar sus necesidades más básicas, hasta que la muerte les encuentre a los veintisiete o quizá a los cuarenta en forma de sobredosis o infarto. Otros terminarán sus estudios y ejercerán de neurocirujanos, abogados, ingenieros o funcionarios de carrera. Los que opten por un oficio más práctico se especializarán y dedicaran su tiempo a realizarlo. También habrá quien no quiera esfuerzos ni busque grandes pretensiones, se adaptará a cualquier empleo y solo esperará no perderlo hasta el día de su jubilación, lo que le permitirá completar el ciclo para el que fue educado sin mayores complicaciones. Todos ellos formarán sus familias, realizarán su labor de inclusión formal y alineación entre los engranajes que mueven y rigen nuestra bien engrasada sociedad, alimentarán a sus hijos y los educarán lo mejor que puedan, conformarán al seguirlas, todas y cada una de las pautas para las que nos prepararon desde el día de nuestro nacimiento, de nuestra misma concepción teniendo en cuenta lo prematura que llega a ser la percepción de estímulos externos en el delicado proceso de gestación. Encontrarán en los pequeños detalles de la vida la satisfacción del trabajo bien hecho, tratarán de mantener el navío de su destino viento en popa y proa al frente, luchando contra los grandes y pequeños temporales que los vientos de sus sinos personales les tengan preparados. Como seres humanos tratarán de adaptarse a cada situación vital del modo en que todos nacemos preprogramados genéticamente para afrontar nuestros caminos, y quien no pueda, será ayudado de la mejor manera por todos los profesionales formados y dedicados a prestar sus servicios a los necesitados: los niños y los ancianos, las personas con problemas de adaptación física o psicológica, nunca serán abandonadas a su suerte mientras que el equilibrio establecido se respete y mantenga, mejorando día a día con el esfuerzo general de la humanidad.

¿Qué pasa con los demás?, ¿con esa desconocida minoría que no hemos logrado mantener el paso sobre ese camino que nos aseguraron que estaba allí? ¿En qué hemos errado? Tal vez nuestras decisiones fueron las equivocadas. Nos perdimos en la oscuridad que bordea ese camino de luz, esa vida normal que tanto deseábamos alcanzar. Irremediablemente dimos palos de ciego buscando una pared en la que hallar apoyo en esa tierra de nadie, una pared contra la que tomar impulso de vuelta hacia la realidad. Estamos ahí, tan cerca del camino que nadie es consciente de que nos hemos alejado lo suficiente como para no saber o no poder volver a él, pasamos desapercibidos por no ser problemáticos ni inadaptados, nadie puede ver lo que este mundo nos ha hecho ya que somos víctimas de nosotros mismos, seres al límite de una marginación que nunca llegarán a alcanzar gracias a una feroz tenacidad. Nadie puede entender que luchamos como el que más por mantenernos a flote, por formar parte de la vida, pero siempre parecemos llegar tarde a todas partes, la orilla con sus blancas y limpias arenas parece alejarse con cada nueva brazada de nuestro nadar desesperado. Perdimos el tren, tal vez mirábamos hacia otro lado justo en el momento en que se ponía en marcha, y al girar el rostro y verlo marchar, todos nuestros esfuerzos por alcanzarlo fueron, son y seguirán pareciendo cada vez más y más inútiles. ¿Nuestros sueños no fueron los adecuados? ¿Qué nos ha ocurrido?

4

En un principio me fue imposible entenderle. Su voz llegaba dulce y cercana como el susurro entre dos enamorados. He de reconocer que mi estado de ensoñación y el hecho de que no se dirigiera a mí en mi lengua materna, también influyeron enormemente en que pareciera un atontado. Cuando aparté la vista de la diminuta ventana me encontré con dos enormes, circulares y tan negros par de ojos que era imposible distinguir la pupila del iris. No entendí cómo podía haber pensado antes que la azafata tenía la sonrisa pintada en el rostro, vista de cerca, toda su bonita cara sonreía con una amabilidad imposible de fingir, hasta el gorrito que le sujetaba el igualmente negrísimo pelo, parecía estar colocado sobre su cabeza con una gracia y naturalidad que nadie en el mundo hubiera podido igualar. Algo en la oscuridad de sus ojos parecía decir: "No se preocupe, no creo que esté tonto, veo estas situaciones a diario". De nuevo repitió con aquel tono suave y dulce la frase que esta vez sí pude entender, era su invitación a abandonar el avión, expresada en ese idioma que se ha declarado universal. Al observar que me ponía rápidamente en acción, dio media vuelta y se alejó por el estrecho pasillo, revisando con la mirada los asientos vacíos a uno y otro lado, de esa forma automática que nos lleva a actuar la relativa monotonía de los trabajos largamente realizados.

Mientras bajaba mi maleta de mano del compartimento superior donde, por increíble que parezca, en este desplazamiento había podido encontrar espacio libre en el que dejarla al embarcar, fui consciente del motivo de haber sido avisado: no quedaba ni un solo pasajero en el avión, nadie, solo las azafatas esperaban mi salida mientras la tripulación de cabina, bromeaba con ellas al tiempo que ya comenzaban a impacientarse por desembarcar. Despidiéndome con una sonrisa de disculpa descendí la escalerilla adosada a la puerta del aparato. El húmedo ambiente cargado de lluvia refrescó mi rostro y despejó mi mente, mientras me apresuraba hacia el autobús en el que me esperaban los últimos pasajeros para ser acercados a la terminal del aeropuerto internacional. Algo avergonzado y casi corriendo, entré en aquella especie de prisma rectangular acristalado y ocupé el único asiento libre, uno de esos individuales situados tras el conductor. Creo que sin ser muy consciente de ello, pensé que hasta parecían haber asientos para personajes anónimos de aeropuerto. Riendo por dentro al recordar mi torpeza con la azafata, y tal vez también por fuera sin poder evitarlo, volví a perderme hacia la lluvia…

5

…una voz familiar llegaba hasta mis oídos desde no podría decir que profundidades del subconsciente. Al centrar la vista pude ver caras muy conocidas por mí. Todas ellas aparecían sonrientes entre una espesa niebla, cercanas y lejanas a un tiempo como solo una niebla profunda puede hacer creer. Poco a poco fui reconociendo en aquellas caras divertidas al grupo de mis mejores amigos. El conjunto de iguales convergiendo en ese tipo de amistad que únicamente la temprana adolescencia puede forjar y hacer de ella una relación eterna y solidaria hasta el infinito. Me refiero a ese tipo de amigos con los que puedes pasar años sin saber nada o muy poco sobre ellos por el devenir de la vida adulta, así como el consecuente aumento de obligaciones, pero el día en que vuelves a encontrarte a su lado, solo hacen falta apenas dos minutos para actuar como si hubieran transcurrido dos días desde la última vez que os juntasteis. La niebla era tan espesa que era imposible ver nada más que su blancura sobre nuestras cabezas. Al hallarnos sentados en círculo, empecé a comprender el motivo por el cual la voz de uno de mis mejores amigos llegaba desde mi izquierda, y supuse que la niebla amortiguaba su voz, por lo que la podía escuchar densa y lejana, como a través de una gruesa tela: "Pásalo tío, ehhh, pásalo", decía aquella voz tan conocida como querida.

Giré mi cabeza hacia su sonido y allí estaban, dos ojos redondos y negros en su interior, pero totalmente enrojecidos a lo largo y ancho de su esclerótica: "Pásalo" repetía, y entonces me fijé en su mano derecha. Sostenía un porro humeante y a medio fumar, ofreciéndomelo con una continua sonrisa. Ahora todo encajaba. En las películas, los adolescentes fumetas suelen dar una única calada y pasar de inmediato al compañero de aspiración el manual cigarrillo. Nosotros, riéndonos de aquella absurda forma de fumar que no ocurría jamás en la vida real, optamos por inventar nuestra propia versión. Esta consistía en liar tres o cuatro porros, según los que fuéramos, formar un círculo sentados en el suelo, y tapados con una sábana a modo de tienda de campaña, dar una simple calada para posteriormente pasar el cigarro artesanal al amigo sentado a tu derecha. Así rodaban una y otra vez hasta que se terminaran aquellos alucinantes cigarros con los que amenizábamos nuestros encuentros. Todo se ajustaba: la lentitud de movimientos, la espesa niebla que nos rodeaba, las voces amortiguadas, la sensación de irrealidad, el incontrolable ataque de risa que ocasionó el suceso...

6

Aún me pregunto cuál fue el punto de inflexión. Dónde quedaron aquellas largas caminatas veraniegas en las que, estando de campamento infantil, andaba como el niño que era, comentando con un ocasional compañero los planes de futuro. Menguada ya la tarde, con el cielo convertido en aquella inmensidad azul y roja que solo un ocaso montés puede regalar a los sentidos, avanzaba junto a una compañera hablando de las estrellas que ya podían comenzar a intuirse hacia oriente. Coincidíamos en lo interesante que resultaba qué podía haber más allá de lo que apenas conocemos y vemos en el espacio exterior. Los dos éramos personas que acudían a clase y superábamos los cursos con placer y ánimo de aprender. Nunca nos había supuesto ningún esfuerzo el afrontar las tareas escolares, y todo un abanico de posibilidades se extendía en nuestros prometedores y bien estructurados futuros. ¿Por qué no habría de ser así?

Aquella noche no conseguimos llegar a ningún pueblo en nuestra ruta caminera, así que el grupo de monitores decidió que pernoctaríamos al raso, dentro de nuestros sacos de dormir y cuidados por las estrellas. Ya en mi dura pero agradable cama, pegado al resto de amigos y compañeros de viaje, mis ojos no podían cerrarse. Había tantas y tantas estrellas velando nuestro sueño que no podía conciliarlo. Algún astro fugaz recorría el firmamento en errática dirección, instigándome a pedir un deseo tras otro: amores imposibles, sueños inalcanzables, pasiones que mi mente infantil era incapaz de comprender en su enormidad llena de alegrías y de penas, de placeres y desengaños, de turbias imaginaciones ante lo desconocido y a la vez atractivo de la vida. Sí, coincidía totalmente con mi compañera ocasional de paseo: iba a estudiar astronomía. Aún quedaban muchos años de escolarización antes de la universidad, pero ya debía ir planteándome algunas cosas relativas a mi futuro de manera más seria, al fin y al cabo, la vida no es un simple juego.

Lentamente, la noche fue acunándome con sus suaves murmullos de naturaleza, esos que solo pueden ser escuchados cuando no hay un techo sobre ti aparte del que compartimos todos los seres vivos e inertes del planeta, esa dulce caricia que tras atravesar las ramas de los árboles, únicamente puede sentir tu cuerpo cuando ninguna pared te separa de la brisa más elemental, que te arrastra y te hace formar parte de la filogenia y ontogenia que nos une a las piedras tanto como a la lluvia o las estrellas…

7

La masa informe de tejido neuronal variopinto con la que nacemos bajo nuestras fontanelas craneales aún sin cerrar, y a la que solemos denominar cerebro comúnmente, no termina de estar total y firmemente estructurada hasta los veinticinco años más o menos. Pese a que en algunos especímenes humanos se hace patente que nunca llega a finalizar este proceso, si todo marcha según lo preestablecido genéticamente, ese bloque cerebral deberá ir siendo autoesculpido por sus propias manos, cortando conexiones allá donde no sean necesarias y formándolas o perfeccionándolas en los lugares en los cuales se precisen. Todo el proceso se llevará a cabo según las necesidades que la propia vida del poseedor del susodicho encéfalo impongan, viniendo a desaparecer miles de neuronas sobrantes a lo largo de los años, creando así el sistema nervioso central adulto, que en el mismo momento de terminar su formación, comenzará a perder algunas cualidades y capacidades al tiempo que se va haciendo más eficiente, y por lo tanto mucho más efectivo de cara a cumplir su papel como encargado de ayudarnos a manejarnos por el paseo vital al completo.

Aunque esta falta de mollera pudiera haber participado en mi decisión de abandonar los estudios en pleno bachillerato, sería injusto achacar por completo a ello mi fracaso, ya que millones de estudiantes pasaron por lo mismo en la misma época de su vida y no cometieron mis errores fatales. Insisto, no había nada en mi familia o mi entorno social más próximo que pudiera arrastrarme irremediablemente al descarrilamiento, solo era un buen estudiante más en el hemisferio terráqueo que te presta las herramientas para labrar tu futuro predeterminado; estén estas mejor o peor enfocadas, pero eso es otra historia para ser debatida en otro momento, debido a la complejidad y enorme importancia que para la educación formal obligatoria tiene.

Mi decisión era inamovible: iba a dedicarme a la música y a la literatura. En concreto me agradaba la idea de juntar ambas, ese fue el motivo por el que opté por la poesía, que parecía llenar mi alma desde que comenzamos a estudiarla en clase, al igual que la música lo hacía durante las tardes en mi habitación. El evidente hecho de que para ello era necesario estudiar, pareció ser algo que mi inacabado y probablemente deformado encéfalo, mi mente aún sin grandes fundamentos metafísicos, o mi total ineptitud a la hora de sopesar pros y contras, fueron incapaces de plantearse.

Todo comenzó tras salir del instituto y buscar el primero de mi infinita lista de trabajos basura, los cuales ayudarían y participarían directamente, y esto lo puedo jurar, a arrastrarme más rápido y más profundamente hacia la abisal fosa de mi nulidad vital. La caída fue relativamente rápida.

La mejor descripción que he conocido sobre el efecto del delta-9-tetrahidrocannabinol sobre la estabilidad química del cerebro, y en consecuencia sobre la conducta humana, es el llamado síndrome amotivacional. Expresado de otro modo: pasarte el día hasta el culo de porros solo te lleva a no hacer nada,

ni tan siquiera hay metas más allá del propio colo-
cón, vamos, a no ser observar las estrellas en las noches de verano, colgando boca abajo de la rama de
un árbol o sentado en una vieja acequia con tus amigos: hablando, riendo y disfrutando de su compañía.
Todo esto no tendría nada de malo, sería hasta agradable y divertido en extremo si no fuera por sus consecuencias a largo plazo, las cuales, por supuesto,
tampoco te deja ver el anteriormente aludido síndrome de muy bien acertada denominación.

Con todo, he de reconocer que nunca abandoné
dentro de mi espíritu la conciencia de estar actuando
digamos que... no del todo bien. Así que no me dejé
llevar totalmente por la tempestuosa corriente de los
desvaríos sin dejar de intentar no perder el hilo de
mis estudios. Esto me hizo alternar mi deprimente
vida laboral con varios intentos fallidos de retomar
el instituto, e incluso insistí bastante en profundizar
en ese idioma impuesto como universal que ahora
me permite moverme por el ancho mundo de los aeropuertos internacionales con mayor o menor soltura.

Gracias a la dulce inactividad del cannabis, las
noches infinitas de amistad, alguna experimentación
psicodélica y el amor como solo puede vivirse en la
adolescencia, los sueños se veían en un futuro tan
lejano que no era necesario apresurarse en cumplir-
los, ya llegarían. Todo quedaba lejos, muy muy lejos, nos teníamos los unos a los otros y eso iba a seguir siendo así eternamente. Nada iba a poder cam-
biarnos, la amistad juvenil puede con todos y con
todo, nada podría detenernos...

Nada detuvo la amistad al ser verdadera, eso es cierto, el tiempo nos manipuló de diferentes maneras a unos y otras sin que llegáramos a perder totalmente el contacto, pero sí hubo una cosa que llegó a mi vida junto a otro de mis miserables empleos y arrasó aún más mis esperanzas de poder enmendar mi futuro.

8

El gris lluvioso de esas nieblas pasadas seguía asomado tras el enorme ventanal del autobús. Parecía mirar hacia mi interior desde el frío exterior. El ronroneo del motor de explosión a ralentí se unió al sonido del motor hidráulico que cerraba las puertas.

Algunas veces, estando en algún lugar muy concurrido, no habéis tenido la sensación de que al mirar hacia algún lado por casualidad, sin intención ninguna, vuestros ojos han coincidido con los de un desconocido que parecía estar mirándoos. En estos casos, rápidamente, ambos pares de ojos cambian automáticamente la dirección de sus puntos de atención y todo termina en nada más que eso: la simple sensación de la casualidad o la indiferencia. A decir verdad no siempre es así. En ciertas ocasiones, esas miradas fugaces y extraviadas, nos llevan a la creencia tal vez sin fundamento racional, de que tenían un sentido predeterminado, se hallaban escritas en el más o menos grueso libro del azar que gobierna nuestros solitarios destinos.

Encerrado en ese impersonal autobús plagado de desconocidos que trataban, como cuando montas por necesidad en un ascensor, de perderse en el interior de sí mismos ignorando a la concurrencia apretada en el mismo lugar sin escapatoria, me ocurrió ese extrañamente habitual suceso. Como siempre en estos casos, alguna fuerza ajena a mí en apariencia, me obligó a despegar la mirada del húmedo exterior plagado de recuerdos y dirigirla en dirección a un punto a mi derecha, hacia el asiento también individual situado tras la puerta delantera de entrada.

La única forma de denominar o describir el color de los ojos que quedaron por casualidades de la vida enfocados directamente en los míos, sería el amarillo. Pese a ello, en los escasos segundos que en efecto duró nuestra mutua mirada, pude comprobar que tras las pequeñas gafas con montura al aire que llevaba el amor de mi vida, el auténtico color era una extraña mezcolanza de verdes y marrones en todas sus tonalidades, aunque el resultado mayoritario de la combinación era en realidad el amarillo dorado. Aquel amasijo de colores variados, les daba ese tono amarillento que solo se encuentra entre las piedras y el polvo de algunos desiertos. A nuestra corta y profunda mirada, respondimos con una tenue y tímida sonrisa, que apenas iluminó unas milésimas de segundo su cara antes de que ambos cambiáramos nuestros ojos de dirección: ella mirando al infinito más allá de la gente que abarrotaba el autobús, y yo hacia mi ventana, recordando y viendo aún grabados en mi mente aquellos ojos del color del pan recién hecho. Debía reprimir el tremendo impulso que me indicaba que con toda seguridad, aquella no era una simple casualidad, necesitaba levantarme sin más, mirar de cerca esos ojos y entablar una cordial conversación con su dueña. Nunca se me dio muy bien el inicio del juego. Ni un solo músculo de mi cuerpo se puso en movimiento.

9

Un tremendo golpe me despertó de súbito. No tenía ni la más remota idea de dónde me encontraba. Por mí podría haber sido la luna o la profundidad de un inmenso océano. La realidad pronto me dio de lleno en la cara, o más bien en la nariz. Un pobremente iluminado garaje me envolvía, podía sentir el fuerte olor a madera cortada por encima de otro más tenue a gasolina diésel. Aún no identificaba el motivo del aroma mucho más agradable e intenso que se superponía a los otros, un dulce olor a pan recién hecho, todavía caliente. Pronto mi mente racional ató cabos. Frente a mí se hallaba uno de esos criminales pilares de garaje donde tan dados somos a estropear los laterales de nuestros vehículos. Sentado de culo sobre el frío suelo, una caja de plástico con agarraderas a los lados descansaba tranquilamente sobre mí, mientras unas veinte barras de pan aún humeantes me rodeaban tiradas de cualquier manera. La realidad me golpeó: Serían las cuatro de la madrugada, mientras me dirigía a cargar otro cajón lleno de pan en la furgoneta de reparto, me había dormido al tiempo que caminaba como un zombi, y el pilar garajero se había encargado de despertarme amable y maternalmente con su cuerpo de hormigón y acero. Acababa de comenzar a hacer realidad mi sueño de ser un poeta y músico extraordinario, y ya de paso, cumpliría con otra de mis pasiones, comprarme una motocicleta. Hacía ya mucho tiempo que la cosa rondaba por mi cabeza, un buen amigo había apoyado mi pasión por las dos ruedas gracias a que él sentía lo mismo. Tenía quince años.

10

El abejorro de cuarenta y nueve centímetros cúbicos andaba a toda velocidad hacia la curva. Digamos que marcharía a otros cuarenta y nueve kilómetros por hora. Tras el pequeño giro para volver a enfilar la desierta avenida del cementerio de mi pueblo, podía ver los sonrientes rostros de mis amigos que impacientes, aguardaban mi llegada para poder así hacer uso de aquella bicicleta con motor que por turnos, y prestada por algún conocido, nos llevaba a las puertas del camposanto en camino de ida y vuelta, mientras rompíamos mano en aquella nueva modalidad de desplazamiento. En efecto, alcancé la curva a velocidad de crucero, pero algo en mi muñeca derecha la mantenía paralizada, rígida como el acero, como fuera de mi control sensorial, impidiendo el giro obligatorio que me llevaría a la consiguiente bajada de gas, que al unirse al obligado apriete de las palancas de freno, haría decaer mi velocidad hasta un nivel controlable. No sucedió así. De alguna forma que todavía no comprendo, ni creo que llegue a hacerlo, logré tomar la curva, pero mi forma de frenar fue estamparme de lleno contra el bordillo de la acera y la consiguiente pared, en la que mis amigos me esperaban ansiosos por el espectáculo que ya intuían, no sé si por mi cara de asustado, o por la voz interior de sus experiencias propias. Por suerte, eso les hizo apartarse a tiempo de no servirme de almohadilla amortiguadora. Por lo demás, la cosa no pasó a mayores, todos salimos bien parados: motillo, pared, acera, amigos y mi propia persona. Era el turno de otro de mis colegas, nada podía amedrentarnos. Pocas veces tenías la oportunidad de realizar una vuelta motorizada, y había que sacarle todo el jugo vital al tiempo que se quemaban algunos litros de gasolina.

Tal vez una mente más sensata hubiera desistido allí. No era ese mi caso. La siguiente ocasión fue en otro camino baldío en vehículos pero prolífico en baches y hierbajos circundantes, sin restar importancia a algún que otro pino siempre dispuesto a ayudarme si era necesaria una paradita de emergencia. Me hallaba con otro amigo del alma y con su motocicleta todoterreno, de motor trucado para aumentarle la fuerza y velocidad al máximo. Esta, al ser más grande llevaba marchas, cuatro creo recordar. El camino era recto para evitar males mayores, pero el problema iba a ser diferente: ¿Cómo salir con la primera marcha puesta y soltando el embrague a la vez que abrías gas? Complicado. Según mi amigo no. Era de lo más sencillo: tú le dabas al acelerador al tiempo que ibas soltando la maneta del embrague poco a poco. Aquel caballo salvaje y desbocado no tuvo piedad ninguna conmigo, yo acabé sentado en el pedregoso suelo mal asfaltado y con un brazo a punto de partirse, mientras mi montura salió fuera de la carretera sobre sus cuartos traseros, tal vez buscando pastos frescos donde alimentarse lejos de la pesada obligación de enseñarme a conducir.

Tras algunas lecciones de este tipo más o menos exitosas, pude ir a la autoescuela, donde por fin descubrí el apasionante mundo que conecta un embrague con un puño de aceleración. Ese aprendizaje me

llevaría a la decisión de tener siempre una motocicleta que montar pese a las circunstancias, aunque
creo que la decisión ya la había tomado mucho antes, pese a lo accidentado de mi adiestramiento. Muchas cosas he perdido o no he alcanzado por el camino, pero ese medio de transporte me ha acompañado hasta ahora en todos los trayectos de mi mal
asfaltado camino vital.

11

Habíamos pasado gran parte de la mañana cavando una especie de cueva en miniatura en la pared de arena comprimida que delimitaba los márgenes del río. Lo habíamos conseguido gracias al verano y su escasez de lluvias, ya que ello, había contribuido a que el actual caudal alcanzara poco más de un palmo de alto y unos pocos metros de ancho. La pared que nos servía para la construcción de aquella especie de horno tradicional, bueno, más bien primitivo en el que pretendíamos cocinar, sería la que contendría el río caudaloso cuando llegara la estación más lluviosa y el frío. Por el momento, el fresco aroma de los pinos en una mañana estival era todo lo que nos rodeaba, mientras a su sombra, llevábamos a cabo la labor siguiendo las instrucciones de nuestros monitores. Tras haber preparado aquella especie de caverna reseca por el sol, debíamos completar el efecto deseado formando un par de compartimentos: el superior contendría el arroz y el resto de ingredientes bien colocados en una cazuela de barro, y el inferior sería receptáculo para el fuego que alimentaríamos con la leña seca previamente recogida en los alrededores del campamento. Hasta el momento todo había funcionado bien. Organizados en grupos de cuatro, dos habían ido en busca de combustible vegetal, mientras los otros dos nos habíamos quedado dando forma al agujero que debía alimentarnos horas más tarde. He de reconocer que la obra andaba por buen camino. Bien preparada la base cavada en la tierra, nos dispusimos a darle solidez gracias a unas piedras planas y grandes recolectadas en la orilla del río, el cual se paseaba mansamente a nuestra espalda. La más grande fue incrustada de lado en el centro, paralela al suelo para hacer las veces de separador comida/fuego, y de lugar donde apoyar la cazuela en sí misma. Tratamos que el cierre fuera lo más hermético posible para evitar que el humo formara parte de nuestra comida de hoy, y completamos la obra con otras dos piedras a modo de pilares para darle solidez. Reservamos un gran pedrusco para cerrar después aquella especie de sepulcro cocedor de alimentos. A nuestro lado del río, aquel horno rudimentario estaba más que listo para su función primitiva de dar sustento al necesitado. Justo en la otra orilla, un grupo de motoristas había parado para estirar sus piernas y disfrutar del paisaje montañoso y azul. Yo les observaba con curiosa admiración junto a nuestra fragua casera.

Dos o tres horas más tarde del momento programado previamente como el de la comida, conseguíamos sacar, tiznados y requemados, la cazuela desde el interior de aquel humeante agujero crematorio. Toda nuestra lucha contra los elementos había sido infructuosa. Nos tocó comer un arroz tan duro como las piedras que habían ayudado a su preparación, pero qué más daba, lo habíamos cocinado nosotros de principio a fin. Hasta habíamos tenido que preparar el horno. Bueno, tal vez hubiera sido más práctico cocinarlo sobre una fogata, pero la gracia era esa, el esfuerzo compartido entre compañeros para autoabastecernos de alimento, la suculenta y nutritiva recompensa por un trabajo bien hecho. Una nueva lección de supervivencia en la naturaleza virgen había sido aprendida por nuestros cerebros deseosos de conocimiento. No sería la última en nuestros años de conexión animal, aquellas aventuras en apariencia poco útiles que pasábamos en medio del monte en supuesto desamparo, nos enseñarían cosas buenas en la práctica de nuestros futuros destinos, si no como cocineros diestros, sí como seres humanos que saben organizarse y compartir.

12

Con una brusca sacudida el vehículo se puso en marcha, dejando atrás el avión que me había traído hasta aquí. Todas las leyes de la educación y formalidad me indicaban que no debía fijar la atención en mi imprevista compañera de viaje, pero un imán imposible de eludir me arrastraba una y otra vez a lanzarle disimuladas miradas como quien no quiere la cosa: Debía buscar algo en algún bolsillo de mi equipaje de mano; una tos hacia la derecha había llamado poderosamente mi atención, como si mi propia salud dependiera de ella; tal vez un repentino picor en el cuello me obligaba a girar la cabeza en su dirección. No recuerdo cuantas casualidades me llevaron a robar mal disimuladas miradas a mi vecina de asiento individual.

Mentiría si dijera que su belleza era deslumbrante y sin par como en los cuentos de princesas y amores románticos, pero en su perfil, ya que ella continuaba mirando hacia un punto más allá de todo ser viviente que pudiera morar aquel receptáculo rectangular, sí se hallaban esos rasgos bien marcados y definidos, que junto a la simetría de rostro que había podido observar anteriormente, le daban a su cara ese aspecto dulce y de formas relajadas en estado natural que solo posee una buena escultura. La nariz sobre cuyo puente se sujetaban las gafas no era pequeña, pero sí tenía la cualidad de ser recta y bien formada, acorde con la armonía general de su rostro. Insisto, pese a no poder decir que fuera una belleza, tenía una de esas caras que en conjunto dan la sensación de persona cuerda, dulce y digna de confianza, esas personas con las que sin poder explicar el motivo, conectas, y te resultan atractivas física e intelectualmente sin haber cruzado una sola palabra con ellas. Aprovechando que miró hacia el conductor durante un pequeño momento, esquivando eso sí mis ojos, pude certificar la bonita simetría de su rostro muy blanco. No tenía una piel pecosa, al menos hasta donde mi propia miopía, la distancia y la prudencia me dejaban observar, pero un largo y ondulado pelo, caía por su espalda con ese tono rojizo castaño que solo el tiempo da a los cabellos que no hace mucho, han tenido un color rojo intenso.

Había algo en ella que llamó rápidamente mi atención, si es que había alguna cosa que no lo hubiera hecho desde el primer segundo, y fue su indumentaria. Reconozco que en cierto modo me entristeció. Un largo y cálido abrigo de discreto y clásico corte la envolvía, combinando a la perfección con su color de ojos. Este llegaba más allá de sus rodillas, por lo que solo podía ver el final de unas bien torneadas piernas y tobillos ocultos tras la discreción misteriosa de unas medias oscuras. Sus pies, juntos sobre el engomado suelo antideslizante, permanecían cubiertos por unos zapatos bicolores de tacón bajo. Aparentaban la versión femenina de un músico triste y anticuado que hubiera elegido cómodos zapatos para sus viajes largos y continuos. El verde y el marrón oscuros formaban la combinación de colores. Junto a ellos, en el lado opuesto al pasillo para no interrumpir el paso, una negra e impersonal maleta de mano con pequeñas ruedas, esperaba, sujeta su agarradera por una blanca y fina mano, a que la dueña de esta comenzara a arrastrarla por aquellos interminables pasillos pulidos como un espejo. Mi nueva amiga era otro personaje anónimo de aeropuerto. ¿Qué extraños designios del destino le habrían conducido a tal situación? Pese a que para mí este era nuevamente el trabajo de mi vida, he de reconocer que llegar a él me había costado un camino de oscuras pesadillas más o menos ganadas por mis propios errores, pero al mismo tiempo, ya la costumbre lo había convertido en otro de mis empleos. Uno más simplemente. ¿Qué misteriosos senderos podían haber llevado a tan aparentemente inocente florecilla a caer en este callejón sin retorno ni salida que era el anonimato silencioso de lugares afligidos e impersonales?

Mirando sus zapatos como quien fija toda su atención descuidadamente en el suelo, osé levantar la vista presintiendo involuntariamente una llamada psíquica. Allí estaban de nuevo tras sus cristales ese par de ojos de un color imposible, no muy grandes pero hermosamente esculpidos como el resto de su fisionomía. Se fijaron apenas un par de segundos en los míos, negros y largamente tristes, para, con suspicacia e inteligente brillo, con inmensa dulzura me pareció o quise sentir, perderse de nuevo en las profundidades del autobús. No hubo sonrisa esta vez, no al menos con sus labios de un discreto tono rosado.

13

Amarillo era el sol bajo el que nos bañábamos junto al mar. El destartalado tren que hacía parada en nuestro pueblo, dirigía al más o menos numeroso grupo de amigos infantiles hacia la playa cercana. La alegría y las bromas eran constantes, todo nos hacía reír. Los pueblos iban pasando uno tras otro en las innumerables paradas que el viejo tren era obligado a realizar, envuelto en su gastado rechinar de frenos. Tras las ventanas, sin cristales la mayoría, el paisaje se movía lento y agostado, mientras muchos viajeros subían o bajaban del tren en marcha según les convenía el lugar de paso. Soñoliento por el balanceo observaba pasar la vida mientras iba quedando atrás. Apenas vislumbrado algo durante un segundo, ya se marchaba para dejar paso a otra cosa nueva y diferente: las niñas que esperaban para cruzar al paso del tren enfundadas en diminutos vestidos veraniegos, la anciana que apenas podía arrastrar su carro lleno de compra mientras hablando con una vecina se dirigía a casa, los tejados de las plantas bajas con algún gato dormilón desparramado bajo el sol, los coches viejos en movimiento, las fachadas de pintura gastada... Todo se desplazaba a la misma velocidad de tortuga que parece marcar el tiempo cuando eres niño. Los sueños se superponían sin saber muy bien por cuál decidirte. ¡Tan amplio y extenso era el abanico de posibilidades que se extendía ante nuestros ojos!

14

El dorado tallo del cereal calcinado por el verano se perdía hacia el horizonte. Recogido ya el valioso grano y la aromática paja, solo quedaban a ras de suelo apenas unos centímetros de planta polvorienta que convertía la tierra en un cepillo de duras cerdas. El paisaje deslumbraba bajo el sol intermitente que enormes y algodonosas nubes iban cubriendo en su lento desplazar, como un escuadrón de buques, sobre un mar algo descolorido. Tumbados en el suelo, la cabeza apoyada sobre la inclinación natural del terreno y un cigarrillo entre los labios, un buen amigo y yo contemplábamos el desértico espectáculo de la naturaleza. Aquí y allá, la monótona y monocroma vista era rota por algún grupito de pinos que, como el que nos hacía sombra en estos momentos, separaban al modo tradicional los márgenes de los campos de cultivo. En otras ocasiones, eran los espacios más o menos extensos de verdes parras los encargados de dar la nota de color al cuadro que se desarrollaba ante nosotros. De hecho, esos espacios cargados y rebosantes de su morado fruto eran la razón por la cual nos encontrábamos allí, llenos de pies a cabeza de polvo y mosto, sesteando tras una comida campestre y rudimentaria.

La aventura había comenzado días antes, en la ciudad cercana al pueblo de donde procedíamos. El verano terminaba y era tiempo de vendimia. En nuestro infatigable peregrinar por el mundo laboral de los sin preparación específica, habíamos conseguido por mediación de un amigo que conocía a alguien que conocía a otro alguien, ser contratados por llamarlo de alguna forma, para esta recolección temporera. Tras pactar las condiciones y averiguar el lugar al que debíamos llegar, cómo y qué día, resultamos ser un grupo de unos cinco o seis amigos los que nos embarcamos en aquella expedición lúdico-laboral.

Llegado el momento y llenos de armonía y decisión, montamos en el autobús de línea que nos llevaría hacia el árido desierto en que nos encontrábamos. Ese mismo vehículo, fue el que se llevó de vuelta a casa tras las dos primeras expediciones de trabajo doblados entre las viñas de sol a sol, a todos los compañeros de viaje menos al amigo junto al que me encontraba ahora dormitando.

No habíamos empezado el día con muy buen pie. Tras pasar un rato después de cenar, sentados en el patio de la casa que compartíamos con otros trabajadores, tomando vino de la cooperativa y charlando de temas variados, mi amigo y yo nos retiramos a la habitación que nos había tocado para descansar tras otra dura jornada. Con la sensación de apenas haber dejado caer la cabeza sobre la dura almohada, ya estaba sonando el repulsivo berrido del despertador. Lo primero que vimos al tratar de abrir los ojos, fue un sonriente compañero de casa, que ataviado únicamente con un calzoncillo blanco y rascándose con desenfado y en profundidad despreocupada su entrepierna, nos comunicaba un gran error: no nos habíamos enterado de que esa noche tocaba cambiar al horario de invierno, y gracias a ello aún nos quedaba una hora más de sueño. Tras ofrecerse amablemente a despertarnos una hora después, se marchó para seguir con su sueño, a la vez que comenzaba a rascarse esta vez la parte trasera de su única parte del cuerpo tapada con algo de tela. Nunca el cambio de uso horario fue tan bien recibido por ningún ser humano en la faz de la tierra. Un segundo después, ya estábamos dormidos de nuevo.

Tras el secundario y válido despertar, peregrinamos, apenas lavada la cara, hacia el único bar de aquel pueblo formado por cuatro calles, y allí, un carajillo se encargó de reanimarnos casi del todo entre el bullicio del atestado recinto, plagado de temporeros y capataces, propietarios, herederos y desheredados. Con nuestras mochilas a la espalda, cargadas con la comida preparada la noche anterior, vamos, dos bocadillos cada uno, que necesitaríamos durante la jornada diaria, salimos a la calle tras nuestro jefe y algún que otro trabajador.

Nos esperaba una fresca mañana aún sin sol, invadida por una niebla tan espesa que bien me hizo recordar aquellos divertidos juegos bajo una sábana. Montados en el remolque del tractor junto al perro de nuestro empleador, desaparecimos a ritmo lento y traqueteante por la espina dorsal del pueblo, hacia los campos sin fin que lo rodeaban. La niebla era tan extremadamente espesa, que resultaba difícil distinguir más allá de unos pocos metros alrededor de nuestro medio de transporte. Remoloneando por el pedregoso camino, rodeados del olor a gasolina quemada que solo desprenden los tractores y camiones en medio de la pureza del aire en el campo, nos encaminamos hacia el lugar de trabajo. Las torres de alta tensión aparecían de golpe, solitarias en medio del páramo, como esqueletos de gigantes fantasmales. Todo era blanco hasta la ceguera más absoluta, y un instante después estaban allí, alargando sus huesudos brazos metálicos y plateados hacia la lechosa trasparencia del cielo que les rodeaba.

Llegar al campo y encender una fogata con sarmientos amontonados de la poda de la temporada anterior, fue algo costoso por la humedad, pero la fuerza de voluntad lo puede todo, además, ni era de día todavía, ni la niebla nos permitía saberlo con exactitud, así que acompañamos la espera con madalenas borrachas: Hundes el dedo en una madalena del horno del pueblo, y rellenas el agujero resultante con una generosa porción del vino de la cooperativa que siempre nos acompañaba metido en una bota de piel, y que todo hay que decirlo, era fiel compañera del botijo de agua fresca que también nos seguía con enorme amabilidad en las labores diarias.

Allí estábamos ahora, dos supervivientes bajo el templado sol del otoño. Amarillo sobre amarillo y moteado de verde y morado. La niebla había dado paso a un día espléndido y luminoso, donde la altura del terreno te acercaba tanto a las nubes que parecía que podías alcanzarlas con la mano. Atrás quedaban ya las primeras jornadas de hacerse al trabajo duro y a la soledad de dejar lejos nuestros seguros hogares familiares. Dos amigos apenas algo más que adolescentes, tumbados bajo los pinos de una tierra cargada de siglos y siglos de continua historia. Una tierra trabajada desde casi los orígenes de la humanidad, testigo ancestral de baños de agua, sol y sangre. Las tormentas y el horrible frío que llegó de golpe unos días después, y que nos siguieron hasta el final de nuestro periodo como trabajadores temporeros, ofreciéndonos unas condiciones vitales terribles pero cómo no soportables, aún formaban parte del futuro. ¿Qué más daba eso bajo aquella plácida tranquilidad sombreada y relajante? ¿Acaso existía el futuro?

15

Aquella lejana lluvia seguía allí, tras los cristales. Necesité urgentemente comprobar a través de la puerta de entrada al autobús, cuánto trayecto quedaba para llegar a la terminal. Sí, mi bonita acompañante seguía cerquita, sentada muy recta y ocupada en sus propios recuerdos. Dirigía su mirada hacia el exterior gris, o tal vez solo miraba hacia su propio interior. ¿Qué recuerdos vitales le acompañarían? De pronto comprendí la tremenda necesidad de conocerlos que albergaba mi alma. Deseé con toda mi vida levantarme, acercarme a ella y decirle: "¿Qué tal, cómo te va; sabes que puedes confiar plenamente en mí; contarme todos tus problemas; hablarme de tus necesidades, de tus sueños rotos, de tus sueños por cumplir?" No me planteé el problema del idioma, ¿de dónde sería? El curso del tiempo mezclado con el espacio puede arrastrarnos a su antojo, hacer de nosotros lo que quiera. Como barquitos de frágil papel arrojados a la corriente de un tumultuoso y veloz río, nos llevará hacia donde le parezca para arrojarnos sin más, con igual indiferencia, en cualquier margen plagado de ramas rotas, hierbajos varios e insectos de todo tipo, dispuestos a picarnos ferozmente o a acariciarnos con sus múltiples patitas y la incondicional ternura de una madre. Cuán duro o dulce puede ser el paso de los años. Qué enorme era la necesidad de abrazar a mi mágica ninfa de la lluvia, acercarla a mí con todo el amor del mundo y susurrarle dulcemente al oído: "No te preocupes por nada: presente, pasado, futuro... ahora todo está bien, nunca más volverás a estar sola, el miedo que genera la ansiedad y la indecisión, el vacío de andar perdido en un mundo infinito han terminado para siempre, ahora nos tenemos el uno al otro, acaso importa ya el futuro..."

Un brusco frenazo y el sonido hidráulico de las puertas al abrirse me hicieron volver a la realidad. Cuánto tiempo de letargo ensimismado había transcurrido desde que me dejé llevar por los placeres del soñar despierto, no podría decirlo. Cuando mis ojos volvieron a enfocar su campo de visión, me encontré mirando fijamente aquellos alucinantes ojos. Por su parte, ellos fijaban su atención en los míos con curiosidad. Al instante la gente comenzó a levantarse y recoger sus bártulos de mano a toda velocidad. Parecía como si su prisa por marcharse, mantuviera una mortal pelea con la lentitud a la que en apariencia se movía mi vida mientras sostenía aquella mirada. No nos dejaron opción alguna. Hicimos lo propio y nos dispusimos, cada uno a la suya, a bajar del autobús.

16

El conductor del transporte público interurbano me invitaba no muy amablemente, a descender de este en una parada que no era la mía. Al parecer llevaba rato hablando a gritos y despotricando sobre yo no sé qué estúpido tema que ni importaba ni venía a cuento de nada. La chica que me acompañaba y que era mi novia en aquellos años, no conseguía por más que la pobre lo intentaba, hacerme callar, o al menos conseguir que bajara el tono de voz. Comedidamente, podríamos decir que me encontraba en un avanzado estado de embriaguez, pero para ser sincero a la verdad debo reconocer que estaba totalmente borracho, como una puñetera cuba.

Todo había comenzado pronto, alrededor de las seis de la mañana con el aborrecible graznido de otro despertador. El devenir del tiempo me había llevado a uno más de mis gratos empleos temporales, solo cambiaba mi edad y el fruto que tendría que pasar el día de invierno recolectando. Como decía, tras arrastrarme fuera de la cama en la que apenas tres horas antes había caído inconsciente, me escurrí como pude en dirección a la calle aún nocturna y helada. Calenté mis pulmones con el humo del cannabis al ser quemado junto al tabaco, y me encaminé en dirección al bar de turno donde la cuadrilla de trabajadores nos juntábamos. Tras entrar y saludar a los parroquianos allí reunidos a tan temprana hora, me junté en la barra del antro con los compañeros de mayor confianza, a quienes consideraba y en efecto eran, buenos amigos de fatigas y alegrías. Rápidamente, nos dispusimos a desayunar para aliviar cuanto antes la resaca del día anterior que, para qué negarlo, la costumbre hacía leve y llevadera. Como cada día, el liviano desayuno comenzaba con un café solo y una copa de brandy. A eso seguiría, ya a gusto del consumidor, que por regla general estaba predispuesto al buen gusto más por exceso que por calidad, la sagrada combinación de mistela y cazalla que amenizaba junto al tabaco, la espera de las órdenes para encaminarnos al diario destino de trabajo. Normalmente nuestro viacrucis particular, o simple peregrinar montados en furgonetas hasta el campo de faena, iba acompañado de mayor o menor número de escalas de tránsito intermedias, donde nuestro capataz debía ir recogiendo toda la información respecto a los pormenores del día. Sobra decir que todas estas estaciones de paso consistían en otros tantos locales de mejor o peor traza en cuyas barras, aterrizábamos animadamente en busca de la siguiente combinación alcohólica ya nombrada, o sencillamente, de unos tercios de cerveza si la cosa se alargaba o se terciaba la ocasión. Eran alrededor de las siete de la mañana.

Hoy habíamos tenido suerte. El día amaneció totalmente nublado, lo que no permitió la formación del rocío que mojando el esférico fruto, nos hubiera obligado a esperar, en bares como no, a que se secara al máximo posible, para evitar que su almacenamiento se viera amenazado por la podredumbre que podría ocasionar aquella humedad.

Tras unas pocas horas de trabajo, habíamos almorzado en el lugar más cercano donde nos podían servir una nueva dosis de bebidas similar a la del desayuno, esta vez sí, acompañadas de un buen bocadillo por aquello de recargar las pilas para la dura jornada, pues no era cosa de broma eso de pasarse el día cargando sobre el hombro kilos de fruta al tiempo que andabas por tortuoso y traicionero camino. Eran pasadas las doce del mediodía y la selva se hallaba en relativa y soporífera calma. Rodeado de ramas cargadas de fruta y hojas verde oscuro, solo atisbabas un pequeño espacio de cielo gris sobre la cabeza, tan cerrado y espeso era el bosque artificial de frutales en el que nos encontrábamos perdidos en faena. Algunas conversaciones entre compañeros de árbol, llegaban a través del ramaje; otras veces reía yo hablando con mi propio compañero; otras nos embargaba ese silencio al que te conduce el pensamiento personal e interno. Siempre de fondo en esa calma que nos unía como un todo al olor de la tierra y la fruta, de la naturaleza viva y la en apariencia muerta, nos acompañaba el click-clack de unos cuantos alicates de cortar trabajando al unísono, accionados por nuestras manos.

De pronto, en el armónico silencio de mediodía, una voz gritó entre los árboles rompiendo la métrica del poético momento: "¡¿Quién se viene a la comida mañana?!", y algún pobre infeliz desventurado, con toda seguridad primerizo en estas batallas, se atrevió a contestar: "¡¿Qué comida?!", fatal error. "¡A la de mi polla!", recibió por toda respuesta el inocente pipiolo al tiempo que la estruendosa risa general, se apoderaba del silencio matinal haciendo huir de sus nidos a los pájaros cercanos, y apretujarse en lo más hondo de sus madrigueras a los ratoncillos de campo que a esas horas dormitaban plácidos compartiendo su escaso calor corporal.

Miles de anécdotas más o menos de esta ralea podrían ser referidas aquí, pero las páginas del relato se extenderían hasta el infinito, y tampoco es este el objetivo marcado en esta ocasión al menos.

El día, que venía amenazando lluvia desde primera hora de la mañana, terminó por cumplir su ultimátum cuando ya se acercaba la hora de la comida. Bajo una tremenda cantidad de agua que comenzó a quitarse de encima el cielo como si de pronto se hubiera roto todo su aguante, cargamos, en forma de cadena humana, los cajones llenos de fruta en el camión preparado a tal efecto, y nos largamos a todo correr hacia un lugar donde comer. Casualmente, el emplazamiento elegido fue un bar de comidas cercano, donde, junto al abundante alimento, llovieron litros de vino y gaseosa, cerveza, cafés, copas y recopas. Como el líquido no dejó de fluir ni dentro ni fuera del local, nuestra única opción fue dejar el trabajo para el día siguiente y marcharnos a casa, bueno, a casa a darse una ducha para volver a salir, ya que la tarde y su noche venidera eran jóvenes y auguraban nuevos placeres.

Sí, la tarde había seguido hacia la noche que ya se intuía vestida de rojo y amarillo en el horizonte de poniente, y es verdad también que un señor al volante de un autobús me invitaba particularmente a mí, que no a mi acompañante, a bajar en una parada que no me correspondía. Nunca he sido dado a las broncas y a los alborotos, por lo tanto, si aquel individuo me decía que debía apearme o callarme, probablemente tendría razón. No me lo planteé, tampoco el callarme, cosa que ha solido costarme siempre. Seguido de mi resignada pareja alcancé la calle de un salto. Me embargó el perfume de la ciudad tras la lluvia. Mañana los campos me esperarían de nuevo con sus verdes brazos abiertos, pero eso sería mañana. Hoy era hoy.

17

La continua realización y permanencia obligada me ha llevado a la habituación, pero nunca he sido amigo de los espacios pequeños plagados de personas. Nada más detenerse y abrirse las puertas del autobús, todo el mundo se lanzó hacia las dos salidas de esa forma regular y pacífica, que nos mostraron desde que aprendimos nuestros primeros pasos, pero con esa tensión impaciente a la que los instintos más básicos nos empujan desde las partes profundas de nuestra arquicorteza cerebral. Al no ser muy dado a ello, hubiera optado por esperar sin moverme de mi asiento hasta que el receptáculo de cuerpos se vaciara un poco, pero no quería perder a mi amor entre aquellos desconocidos. Apenas me había puesto en pie cuando fui arrastrado sin remedio por aquella marabunta de cuerpos ansiosos por huir. Agarrando como pude mi equipaje de mano, me encontré formando parte de aquel río de ropas, maletas, caras, empujones disimulados y tensión algo menos disimulada.

De pronto, en un visto y no visto me hallaba de nuevo allí, sobre la mojada acera en un temprano atardecer de invierno, bajo una lluvia que parecía algo más fina en estos momentos. Las puertas de otro vehículo se habían cerrado a mi espalda, y este se alejaba impasible, ajeno a cualquier sentimiento que pudiera embargarme. Estaba solo. Un hombre adulto, renovado y salido de entre las cenizas una vez más. De nuevo atrapado en la continua huida hacia delante, que parecía haberse establecido como mi forma de vida sin haberlo pretendido nunca.

Cuando trato de encontrar una explicación romántica a los hechos de mi existencia, me veo a mí mismo como alguien que no pudo más que bajar al infierno. No hubo un mítico cruce de caminos en el que sellar un diabólico trato, supongo que tales cosas forman parte de la mitología popular que los años y los éxitos crean. Yo no encontré nada de eso. En mi escasamente novelesca subsistencia, la espiral descendente de mi vida me fue arrastrando sin escapatoria hacia ese abismo sin fondo que si termina, solo puede hacerlo en las mismísimas puertas de la perdición. Llegado allí, el demonio debió de ofrecerme un pacto, la verdad, no lo recuerdo. Supongo que se comprometió a permitirme seguir viviendo y escapar de la miseria a la que había llegado, y además no se llevaría mi alma, al parecer, o bien esta no le importaba demasiado o no le encontraba utilidad alguna. Tal vez conseguí engañarle de algún modo que por mi propio estado no llegué a comprender. No sé. Fuera como fuere conservé alma y vida, y pude remontar el vuelo. El problema es que fue un vuelo sin destino, sin objetivo, errante y sin sentido. En cierto modo, tal vez este fue suficiente castigo para el morador de aquellos parajes calurosos, o incluso tenga algún día que saldar mi cuenta de alguna horrible forma que no soy capaz de imaginar. Dicen que nada es gratis en la vida. Tampoco tienen muy buena fama ese tipo de pactos. En fin, me conformaré con pensar que nunca hice daño a nadie a no ser a mí mismo. Tal vez no fueron para tanto mis errores como para merecer arder toda la eternidad. A lo mejor solo fue necesario acercarme a aquellas puertas para meterme el miedo en el cuerpo y hacerme cambiar. No sé. No recuerdo haberme sentido asustado en ningún momento debido a los malos caminos elegidos aquellos días de un remoto tiempo ahora ya tan lejano en el recuerdo. Tan olvidados en el olvido quedaron aquellos años, que aún no sé muy bien a qué atribuir el comienzo de esta huida eterna en la que me hallo envuelto sin aparente solución.

Las pequeñas gotas habían empezado a acumularse sobre mi abrigo, así que comencé a caminar hacia cubierto. Siguiendo los pasos del final de la cola formada por personas, entré en la terminal y me dejé llevar pensativo por aquellos pasillos brillantes y escaleras impolutas, envuelto en el impersonal aroma a lugar de paso. Justo a los pies de una de aquellas escaleras me detuve a mirar mi teléfono, no esperaba llamada alguna de nadie, pero tal vez pudiera encontrar algún mensaje laboral de este mi nuevo mejor trabajo. Apenas me había detenido cuando percibí pasos y una presencia tras de mí, por lo que instintivamente, me hice a un lado para dejar subir a la persona que se me acercaba por la espalda. Al pegarme a la pared y levantar la vista, volví a encontrarme frente a esos ojos multicolor. Quizá fueron mis deseos de sentirlo así, pero al enfrentarse a los míos, su cuerpo pareció detenerse apenas unas milésimas de segundo, y eso sí, sonriendo claramente aunque solo fuera con aquellos ojos de otro mundo, se deslizó a mi lado para subir etéreamente las escaleras. Al observarla de pie, noté que era algo más alta que yo, unos dos o tres centímetros, tal vez fueran los bajos tacones de sus zapatos. He de reconocer que aquello no es que fuera tampoco nada raro, ya que apenas paso del metro setenta, pero también podía influir su recta espalda y su esbelto porte. Me recordaban sus movimientos a esos estudiados gestos y ademanes que realizan las bailarinas de danza clásica en sus actuaciones, y que la fuerza de la costumbre y el duro entrenamiento, les lleva después, en su vida diaria, a conservar ese estilo de dirigirse por el mundo, de modo que este podría ser un enorme y esférico escenario donde la función dura una vida completa. Sin poder apartar la vista de ella, la observé ascender escalón tras escalón, con la gracia monocorde de una leve cortina movida por la brisa que atraviesa una ventana abierta: su pelo rojizo ondulando hasta la mitad de su erguida espalda, sus zapatos bicolor apenas rozando el suelo, los músculos de sus ligeras piernas marcándose bajo sus medias a cada paso, la maleta de mano firmemente sujeta en su blanca mano. La vi llegar arriba y girar hacia la derecha, el brillo de las luces destelló en los cristales de sus gafas al tiempo que se dibujaba su perfil de rasgos rectos, y desaparecía dejando atrás la huidiza visión de su pelo en mis retinas.

Se había ido. ¿Pero qué hacía yo allí parado a los pies de una escalera permitiéndolo? ¿Me había vuelto aún más bobo que en la adolescencia? Salí corriendo desesperado escaleras arriba, loco, asustado y más solo y perdido de lo que me había sentido en toda mi vida. Volaba hacia la puerta de allá arriba, lejana, muy lejana en el espacio, en otro plano temporal, irreal como una barrera infranqueable ante la que debes rendirte, pero, si algo me caracteriza especialmente como ser vivo, es mi incapacidad para rendirme, para dejar de seguir hacia delante como un demente, agachado y duro como un ariete que se niega a aceptar que la vida está plagada de puertas cerradas, incapaz de dejar las cosas como están. Atravesé la puerta atropelladamente, casi a punto de caer. Los miles de cuerpos que abarrotaban el aeropuerto internacional no me prestaron ninguna atención, les era indiferente, un ser anónimo buscando desesperado algo que la multitud ya había tragado y digerido, todas aquellas almas formaban una sola pieza en su perpetuo movimiento preestablecido. Abandonado, solo otra vez.

18

La enfermedad mental se halla encajada dentro de un continuo. Podríamos trazar una línea imaginaria entre el supuesto estar cuerdo y el supuesto estar loco. Más hacia un lado u otro andamos todos. Ningún ser humano y muy probablemente por extensión, ser vivo en general, se salva de encontrarse en algún lugar entre los dos extremos de este continuo. Yo, entre otras muchas cosas, siempre tuve una especie de tic no sé si decir nervioso, que no llegaría a ser patológico, o al menos eso creo según mi experiencia. Gracias a él, pese a encontrarme hundido en una absoluta miseria de ánimo, estaba agradeciendo con una amplia sonrisa dirigida a la chica del puesto de información, los datos relativos al retraso sufrido por el avión que iba a ser mi próximo trasbordo. Esa risa a veces contagiosa y positiva; a veces inoportuna, y otras como de idiota perdido, no voy a decir que me haya causado problemas en la vida. En realidad, enseñar los dientes que un principio lejano pudo ser amenazador en la filogénesis de las especies, también fue una forma de evitar males mayores, y seguro que los miles de años de evolución se encargaron en los humanos de convertirlo en signo social de cordialidad. Quiero decir con esto que, más que problemas puntuales, esta sonrisa automática me evitó en más de una ocasión que las cosas fueran a peor, o incluso me ayudó a hacer fluir con precisión algunas relaciones convencionales del día a día. Hasta aquí todo bien, el problema es que la referida sonrisita siempre hizo pensar a las personas que no me conocían a la perfección, que era una persona eternamente feliz. Nada más lejos de la realidad. Reconozco que de natural animado y positivo, podría achacar esta predisposición de carácter, más a un eterno intento de superación y un obcecamiento tal por cumplir objetivos y metas personales, que a una felicidad innata. El verdadero efecto sobre mis sentimientos que causaba esta obstinación, siempre fue una continua frustración, una especie de desesperación por haberme estrellado contra tantos muros cada vez más duros pese a mis esforzados intentos de no quedarme estancado, de poder cumplir esas metas autoimpuestas que no son nada del otro mundo, nunca busqué fama ni fortuna, belleza sin par ni inteligencia suprema: solo quise una vida bonita, una vida normal, ¿tanto pedía mi alma al reclamar amor?

En cierta ocasión, un buen amigo con el que había quedado en un concurrido lugar, me observaba acercarme hacia el punto de encuentro entre la multitud. Yo aún no le había localizado a él, y al llegar a su altura, pasó un brazo sobre mi hombro y me dijo: "Mira que eres serio, te estaba viendo venir y estaba alucinando". En efecto, solo quien me conocía bien sabía de mi melancólica seriedad vital.

Reconozco que pese a que el porcentaje de humanos que padecerán depresión de leve a moderada al menos una vez en sus vidas, es mucho más que significativo, sorprendería bastante el nivel que este puede llegar a alcanzar. Es verdad que en el devenir del ciclo vital, se tienden a confundir tristezas más o menos pasajeras y justificadas dentro de los parámetros normales, con la verdadera depresión, algo que sí es realmente serio y debe ser tratado de variadas formas. En mi caso solo recuerdo un momento puntual de auténtica depresión que no se alargó mucho en el tiempo debido a mi carácter, insisto, muy dado a inventarse soluciones a los problemas buscándome nuevos problemas que resolver u obligaciones que realizar, pero sí podría tal vez hablar de una leve distimia que me ha acompañado a lo largo de los años. Por suerte, como se verá más adelante, la vida me dio la oportunidad de seguir enmendando mis errores, pese a que como no podía ser de otra manera, no llegaron a dar frutos efectivos, aunque sí en bastante medida espirituales.

Esquivando al personal viajero y variopinto que me rodeaba, dirigí mis pasos con serio semblante hacia la cafetería más cercana. Arrastré tras de mí la impersonal maleta de gastadas ruedecillas, sin intención de abandonar la enorme extensión de zona llamémosle común. Ante el conocimiento de que el retraso de mi próximo vuelo era importante, y evitando acercarme a la puerta de embarque correspondiente de las dos mil que debía haber, creí aumentar la probabilidad de encontrar mi roja aguja en medio de aquel inmenso pajar de cuerpos latentes, vivos y coloridos.

No me molesté ni en decidir qué comer, sabía que la cosa se iba a hacer larga, pero mi cuerpo no tenía nada más que sed, esa sed enorme que tantas veces me acompañó en un pasado ahora tan lejano, esa sed que pese a todo, aún parecía acecharme agazapada tras algunas esquinas, esperando mi desesperación creciente del pasado. De cualquier manera, eso era antes, ahora era una persona nueva, y ya nunca una cerveza conseguía arrastrarme hacia otra y otra. Ahora, esa sed sí podía ser apagada fácilmente con agua, o incluso con un par de cervezas por qué no. Así que sin problemas opté por un bocadillo cualquiera y una fresca y espumosa cerveza. Me senté en una diminuta mesa circular de espaldas a la barra, lo que me permitía tener una privilegiada vista de aquella inmensa sala de espera general. Di sin mucho ánimo un primer bocado a mi insípido alimento y comencé con mi labor de búsqueda. Ahora era alguien nuevo, las cosas iban a cambiar para bien muy pronto. Estaba seguro de ello. Era una nueva etapa. Ya por fin iba a dar lugar el verdadero comienzo de mis días felices sobre la tierra. Creo que había cumplido mi parte del trato. Merecía una oportunidad.

19

En la primera etapa de mi escolarización básica, no recuerdo haber estudiado jamás. No recuerdo ni una mínima preocupación por mi progreso educativo. Echando la vista atrás solo hubo dos momentos que no podría decir que fueron vividos por mí como un juego, extensión de la distendida existencia infantil que podía encontrar en casa u otro lugar dentro del discurrir de mis días.

El primer gran trauma educativo del que hablo, fue sencillamente el inicio de aquella educación en sí misma. Tras los tres primeros años de alegre, plácida y segura vida familiar, debí enfrentarme a una realidad inconcebible por mi cerebro en desarrollo: abandonar esa seguridad varias horas al día y juntarme a desconocidos. Tras ser abandonado por mi madre, viéndome arrojado entre berridos de terror a los brazos de la que más adelante se convertiría en mi primera profesora, y de la que aún conservo un grato recuerdo, fui conducido por una enorme y semicircular escalinata que me llevó hasta mi celda dentro de aquella inexpugnable prisión. Pese a hallarse la susodicha celda repleta de diminutos seres humanos que me miraban sin comprender muy bien mi disgusto y, todo hay que decirlo, muchos también al borde del llanto por puro contagio o desamparo similar, continué con mi negativa a aceptar la situación. No cedí un palmo de terreno, ni tan siquiera cuando me vi libre de las garras de aquella señora, y colocado junto a individuos de mi misma condición alrededor de una mesa de color rojo. Todos se encontraban divididos en grupos según el número de sillas de colores que completaban el conjunto de mesas circulares. Todos me miraban dubitativos. Tras la primera inspección ocular de trescientos sesenta grados, tomé rápidamente la decisión: Estos que actuaran como les diera la gana, pero lo que era yo, no pensaba sentarme en aquella sillita azul y dejarme llevar por el sufrido y vejatorio escenario repleto de colores, pizarras, dibujos infantiles, ventanales luminosos y juegos guardados en cajas de cartón. No pensaba sentarme hasta que se dieran por vencidos y me dejaran volver a la seguridad de mi hogar. Tras tres días de permanecer callado, taciturno y en pie, fui yo mismo el vencido por los tiernos juegos, las risas y la enorme diversión sin límites que me ofrecía la escuela, la clase y el conjunto de mis compañeros con los que conecté sin problema alguno. Ni qué decir tiene que opté por sentarme y disfrutar de la vida.

Si aquel primer día de clase lo recuerdo ahora con hilaridad y dulzura, no es igual la sensación que evoca el que fue mi último día de escolarización formal. Digo formal por llamar de alguna manera al hecho de renunciar a tus compañeros de siempre, para lanzarte al asqueroso mundo laboral de los abandonados a un lado del camino sucio y polvoriento, de los sin nada que ofrecer. También es cierto, como se verá más adelante, que mis remordimientos por los errores cometidos y mi natural deseo de superarme me han llevado hasta el día de hoy a seguir formándome. Pese a los duros altibajos de mi zozobra vital, nunca abandoné los estudios totalmente. Baste ahora recordar sin más el último instante de mi vida tradicional y bien encauzada.

Llegada la hora de la clase de educación física, aparecí ante mi profesor sin mochila donde llevar la ropa de deporte. Viéndome este llegar, sin mediar saludo me espetó: "Llevas sin aparecer por clase dos semanas, por aquí no quiero volver a tenerte hasta septiembre". Y aquí llegó mi irrevocable y trágica respuesta: "Sí, realmente ya no voy a volver más a ninguna clase, dejo los estudios". No hubo ni una única respuesta por su parte. Reconozco que la expresión de su rostro tampoco fue de alegría ni mucho menos pero... ¿por qué motivo no me agarró del brazo y me condujo arrastrando hasta el despacho del director y del psicólogo si lo había? No es justo ahora, tras tanto tiempo, culpar a nadie más que a mí mismo de aquellos hechos pero... ¿por qué no trató nadie de aplastar mi dura cabezota de imbécil e insensato adolescente, e introducir por la fuerza entre los restos desparramados de mi escasa materia gris, las consecuencias que tal decisión podrían acarrearme con el paso de los años? No estoy muy seguro de que nadie lo hubiera conseguido. En fin, solo mis padres lo intentaron, y el trato entre padres e hijos adolescentes, por bueno que sea, siempre conlleva una tirantez implícita, una especie de lucha en un ver quién puede más, quién está más en lo cierto: el adolescente imberbe que se ve capaz de doblegar el mundo a su antojo, o los adultos que han tenido ya que pasar por una vida de problemas y soluciones más o menos descubiertas por el cásico método de ensayo y error.

20

El primer año de la segunda etapa de educación obligatoria, tomé la decisión de que las cosas habían cambiado, ya no era un infante que entre juegos y deberes realizados en casa, aprobaba sin dificultad curso tras curso. Ahora tenía once años, y la realidad era que esta segunda etapa iba a prepararme para la tercera y más importante: la última y previa a la universidad. Esto ya no era un juego de niños, así que llegado a las puertas de mi primer examen del curso, uno de ciencias naturales para más señas, rebusqué entre mis recuerdos todo lo que se nos había ido inculcando hasta la fecha sobre el modo de preparar una prueba para la evaluación de conocimientos. Recopilé mis apuntes, abrí el libro por los temas que entraban a examen, y con la información al completo realicé varios esquemas donde todo quedaba resumido y organizado a la perfección. Tras llevar a cabo esta labor de cribado de paja y enlaces lógicos, me encerré en la frescura del cuarto de baño para estudiar por primera vez en mi experiencia educativa. No recuerdo el tiempo que pudo llevarme ir memorizando todo el entramado de puntos interconectados que daban forma a aquel mi primer esquema, pero sí puedo asegurar, que todo esto ocurrió justo el día antes de la exploración de lo aprendido. El resultado fue redondo: un diez.

Aunque no fue el último de mi vida, ni quizá tampoco lo sea en adelante, reconozco que tampoco ha habido muchos en la ahora ya dilatada experiencia con los exámenes. Siempre fui un alumno de notables, ni exceso ni defecto. Tanto es así que supongo les resultó muy fácil determinar mi nota media durante la educación elemental obligatoria: fue simplemente un general notable. Ante mí se abría ahora un brillante futuro en el instituto y la posibilidad de elegir cualquier licenciatura a mi libre albedrío...

21

La enormidad de la noche, como únicamente puede sentirse en la soledad de lo más despoblado y alejado de las luces de lo urbanizado por el ser humano, me rodeaba hasta el extravío. No había a alrededor mío sino pinos y pinos como sombras expectantes, negros en la oscuridad sin luna. Sus siluetas se superponían en errático desfile de irregulares seres en grosor y tamaño. Hacia sus copas, entre el enmarañado susurro de sus ramas en la suave brisa, las estrellas intentaban observar mi vagar sin rumbo. A mi espalda y cada vez más lejos, iba quedando el resplandor rojizo y cálido de la animada fogata de campamento. Las voces de mis compañeros y amigos eran amortiguadas por la distancia, al igual que mis pasos apenas audibles sobre la alfombrada superficie cubierta de largas generaciones de hojas de pino amontonadas en el suelo montañoso.

No podría decir cuánto me había alejado cuando aparecí en medio de un claro. Ni una voz o signo de presencia humana llegaba ya hasta mí. El rumor del río cercano, era el único sonido junto al cantar de los pinos que llegaba hasta mis oídos. Si algún animal nocturno de cualquier clase me observaba curioso, lo hacía en silencio absoluto. Encaminándome directo al murmullo del agua, alcancé una enorme roca que sobresalía, como tratando de formar un puente sobre el ancho arroyo. Esta apenas alcanzaba a franquear un cuarto del trecho entre ambas orillas, así que más que puente, se quedaba convertida en atalaya sobre las aguas. Me encaramé al metro y algo que podía tener de alto aquella torre de la naturaleza, y me tumbé cuan largo era sobre ella, dejándome llevar por la situación, siendo roca sobre roca, naturaleza en medio de la naturaleza. Ante mis ojos de niño, tantas estrellas podían verme ahora claramente, que no solo hubiera sido imposible contarlas, podría pensarse que había más espacio iluminado que oscuridad entre ellas. Llegaron a mí todas esas preguntas tantas veces formuladas por generaciones de pensadores animales. ¿Qué se extendía allá en las alturas relacionado con nuestro ser? ¿Cómo iban a encontrarse allí en la infinita lejanía todas aquellas masas gaseosas ardiendo eternamente junto a sus mundos girando entre sí, y no guardar relación alguna con nosotros, pobres náufragos solitarios en la materia oscura que las rodea? Sí, yo me ocuparía de averiguarlo. Nada puede ser por casualidad. ¿O sí? Debía esperar algo de tiempo, aún quedaba el instituto y la universidad con su formación especializada, pero desvelaría el secreto costara lo que costara. ¿Habría realmente un secreto en aquella negrura sin límites, en aquellos mundos apenas imaginados por el hombre?

De pronto la penumbra entre las estrellas me pareció triste. Una angustiosa soledad comenzó a inquietarme entre el callado bosque. Qué abandonados los astros en un universo infinito, unos al lado de otros pero separados por una insalvable barrera hecha de tiempo y de espacio. ¿Qué vacío sin fin era aquel?, ¿acaso no había una determinación, un equilibrio, una razón de ser para todo lo existente?, ¿y si fuéramos simplemente una mota de polvo empujada a través de una nada sin fundamento?, ¡¿qué tremendo abandono sería esta insulsa vida entonces?!

La cabeza había comenzado a darme vueltas. Las cosas perdían su sentido y su norte. Aquel licor azucarado, apenas un dedo en mi vaso de campamento, que había ingerido alrededor del fuego por vez primera en mi vida, me había llevado a dar un agradable paseo nocturno, pero la cosa daba un giro inesperado. Me dejé resbalar hacia el suelo desde aquel natural mirador astronómico. Una vez de rodillas, besando el fresco fluir del río, traté de retirar de mi boca el sabor dulzón del brebaje con el que me había bautizado interiormente hacía un rato no recordaba cómo de largo. Hundí mi cara en la corriente sintiendo su helor de mineral, terrenal y lleno de la vida que inunda lo inerte. Los sonidos de la naturaleza ya me cercaban de forma conocida, todo parecía volver a su posición adecuada. Deseé regresar al campamento a buscar la tranquilidad de mi tienda y el calor de mi saco de dormir. Una vez de nuevo entre los amigables árboles, pude distinguir la claridad del fuego en la distancia, hacia la que me encaminé con rapidez. Qué espantoso vacío existencial quedaba a mi espalda, menos mal que las cosas siempre mantienen un orden y todos tenemos, desde los astros hasta los niños, un camino de luz bien aplanado y listo para llevarnos sin dificultad hacia las metas que nos proponemos y nos esperan organizadas en la vida, como siempre ha sido y debe de ser. Respecto al licor que había abotargado mi conciencia… con una vez tenía más que suficiente, nunca volvería a permitir que algo antinatural y ajeno a mi persona se encargara de dirigir mis pensamientos.

22

Apurando ya la segunda cerveza, seguía inmerso en aquel universo de seres vivos. Todos parecían poder moverse rápidos y decididos sin chocar en ningún momento. Ese equilibrio interestelar que parece la característica más notable en los mares de personas que no han sido embutidos por la fuerza en un lugar. Son capaces de cruzarse miles de almas en un segundo sin tan siquiera cruzarse una mirada, sin apenas rozarse. También hay que decir que por suerte, el más mínimo choque interpersonal puede producir reacciones de dimensiones galácticas, y si algún ser vivo en general o humano en particular se encontrara en dificultades, la mayoría de las personas serían capaces de reorganizarse rápidamente para tratar de regresar al equilibrio preestablecido, del mismo modo que una colisión interplanetaria puede conseguir, tras los millones de años que forman un suspiro en el universo, convertirse en un nuevo y tal vez mejor sistema de funcionamiento, tan preciso como un buen reloj. Nuestro particular microcosmos es inteligente a su manera, buscando a toda costa su equilibrio vital.

En las teorías genetistas sobre la evolución, encontré una frase que me llevó de forma directa y gráfica a comprender, o al menos a vislumbrar, el motivo del resultado animal al que hemos llegado tras tantos millones de años: "La vida es así porque con los materiales existentes y condiciones en las que nos encontramos no podría ser de otra manera". Sin entrar en polémicas sobre quién pudo dar el primer soplo vital a esta materia primigenia, cosa que por desgracia tal vez jamás averigüemos, lo cierto es que todo parece mantenerse en un aparente equilibrio, dentro del hecho evidente de sentir que nos vemos obligados a dejarnos llevar a través de la insólita soledad del universo, como barcos a la deriva que fingen estar llegando a puerto. Todo, al menos en apariencia, parece mantenerse si no estable, sí en cierto modo neutral, objetivo. Todo menos la vacilante mente humana, el alma perdida y solitaria que nos da, junto a la dosis biología heredada y a nuestro entorno social impuesto irremediablemente por las circunstancias, las herramientas vitales para comportarnos como seres cibernéticos dispuestos a alcanzar el punto al que nos insta a llegar nuestra naturaleza preprogamada.

Miré hacia el cartel electrónico que informaba sobre los vuelos. La cosa parecía ir para largo, el mío no tenía establecida tan siquiera una hora aproximada de despegue. No es que esta situación me fuera extraña ni mucho menos, hacía tiempo que dejó de importarme. Adaptarse o morir. Con un gesto solicité al camarero otra cerveza y me dispuse a recogerla, agradeciéndola con una sonrisa. De regreso a mi diminuta mesa, bebí un largo trago de aquel milenario néctar de dioses, y pensativo me rasqué la mejilla. Debí afeitarme antes de salir de casa hacía ya muchas horas, aún faltaban muchas más para la siguiente oportunidad de hacerlo. Mi mirada atravesó la gigantesca sala, perdida entre las miles de personas que se movían atareadas a mi alrededor…

23

En mi pueblo había un antiguo mercado. Uno de esos que estaban formados por apenas una estructura de pilares y una techumbre sobre ellos, para proteger a los tenderetes que allí se montaban de las inclemencias del tiempo. Habiéndose construido posteriormente uno nuevo con estructura de hierro y hormigón, donde las paredes cercaban las tiendas de forma estable y protegían la seguridad del género en venta tras su cierre, la vieja arquitectura del olvidado mercado se había convertido en una especie de plaza medio abandonada, donde los niños jugábamos en nuestros ratos libres; lo utilizábamos de punto de encuentro; o nos entreteníamos bajo su protección en espera de entrar al colegio. Tenía en su centro una vieja fuente de la que ya no salía agua, pero que mantenía su marmolea figura de enorme pila bautismal, con un pilar en el centro que todavía conservaba los pitorros de cobre por los que había brotado el agua fresca en sus tiempos pasados. Era tan grande, que un grupo de unos cinco o seis niños cabían sentados perfectamente en su seco interior, por lo que era lugar de descanso y punto donde contar historias variadas. Sería imposible determinar con exactitud el número de dientes, brazos, piernas y hasta algunas cabezas, que rompió aquella antigua estructura de mármol multiusos, por lo que cuando el ayuntamiento estipuló la rehabilitación del histórico lugar, determinó hacer desaparecer la fuente que tantos quebraderos de cabeza literales había causado a los niños y aún más a sus padres. Me atrevería a decir que este hecho incluso llevó a la quiebra a uno de los dos únicos dentistas del pueblo, al privarle de tan suculento creador de clientes en potencia.

Sea como fuere, allí nos encontrábamos embutidos en una tarde invernal un grupo de amigos de clase. La lluvia repiqueteaba con insistencia sobre la vieja cubierta mientras buscaba los numerosos agujeros que plagaban esta, para continuar su viaje en forma de goteras sobre la gastadísima piedra que formaba el suelo del mercado. Tapados con chaquetas, bufandas y hasta guantes, la conversación giraba a nuestro alrededor debido a que la estructura de nuestro asiento nos obligaba a formar un círculo, viniendo las voces de todas partes pero sin ver directamente ningún rostro parlante. Andaba la cosa sobre lo mayores que éramos ya, y que pronto deberíamos tomar decisiones tan importantes como afeitarnos, pues nuestros bigotillos habían empezado a mostrar signos de que la pelusilla que los formaba ya comenzaba a oscurecerse, evidencia clara, junto a esos raros tonos vocales que nos salían sin control al abrir la boca, de nuestra preadolescencia inminente. En ello estábamos cuando a mi espalda llegó la voz cargada de desdén de uno de mis amigos, asegurando que él ya lo había hecho. Indudablemente, era tan innecesario aquel acto en su persona, que no nos habíamos percatado de ello ninguno del grupo pero, pese al riesgo para nuestras osamentas, todos saltamos de la fuente al suelo con la velocidad del rayo, para dirigirnos al amigo en cuestión y clavar nuestras miradas en su bigote, tan vacío de pelos como lo estaba al menos en apariencia antes del adulto acto.

Como no podía ser de otro modo, todos nos buscamos la vida posteriormente aquella misma tarde en nuestras casas, para encontrar la forma, rebuscando entre los utensilios de nuestros padres, de llevar a cabo tan aventurada acción, lo que nos condujo, con mayor o menor fortuna, a presentarnos a clase al día siguiente sin un solo pelillo sobre nuestro labio superior. Aquello causó sensación en el patio de entrada a clase y un punto de inflexión en la vida de toda la chiquillería de nuestro curso.

24

Por las tardes, después de clase y de realizar el deber, cuando los días se alargaban gracias a la llegada inminente del verano, solíamos adentrarnos entre los campos de frutales que rodeaban el pueblo en busca de porquerías. Se supone que era una gran aventura, pero la verdad era que lo único que podías encontrar allí eran trastos y alguna garrapata, así como lo más que podías llevarte a casa era un excremento de perro pegado en la suela de la zapatilla. Aquella tarde, me encaminaba con un buen amigo cuyo padre tenía un horno justo en una de las últimas casas del pueblo, a rebuscar entre aquella quincalla que hacía las veces de frontera habitada de ratas. Nuestro objetivo era recoger plomo para fundir en el fogón de casa, y rellenar con él, moldes hechos de arcilla con nuestras manos. Tras remolonear por el horno un rato merendando varias veces, salimos a la cálida tarde en busca del argentino tesoro. Apenas estábamos investigando unos minutos cuando se nos acercaron un par de niños de aspecto algo obtuso y torvo, que pertenecían a otro colegio, a los que yo solo conocía de verlos rastrear por aquella zona en busca de maravillas por descubrir. Tras entablar conversación con mi amigo por ser de su mismo barrio y conocidos de este, el tema derivó con rapidez hacia historias de terror y monstruosos seres que habitaban mucho más allá de la higuera. Este árbol de dulces frutos veraniegos, se hallaba en un pequeño claro de matojos, dentro del campo de frutales abandonado donde solíamos jugar y escudriñar trastería. En concreto, podríamos decir que era la frontera del territorio explorado por nosotros pues, si bien íbamos mucho más allá montados en nuestras bicicletas, nunca abandonábamos los caminos para adentrarnos en los campos, ya que estos formaban una extensa y tupida selva en la cual no solo nuestros padres nos habían inculcado que podía pasarnos algo realmente malo, también se contaban entre los niños del pueblo terribles historias acaecidas a otros semejantes inocentes en tiempos pasados, causadas todas ellas por seres de otros mundos, y por desgracia también de este.

El tema terrorífico de la tarde era que un ser deforme y abandonado por la sociedad, vivía oculto en una caseta de huerta desatendida en medio de aquellos campos aún inexplorados. No se conocía con seguridad si pertenecía a la raza humana, o era un extraterrestre que perdió el último vuelo de su nave espacial en dirección a casa. Las peores hipótesis aseguraban que era un niño que al nacer, fue rechazado por sus padres debido a su fealdad extrema, y había residido entre la humedad de los fríos campos desde entonces, alimentándose de lo que allí encontraba: ratas, lagartijas, bichos... Se aseguraba que tampoco hacía ascos a cualquier niño pequeño que por aquellos parajes pudiera perderse en un descuido de sus padres. La oferta era temeraria pero, un niño mayor puede perder toda su dignidad, credibilidad y respeto ante sus iguales si se corre la voz de que es un cobarde llorón. Tras dirigirnos una mirada de complicidad, mi amigo y yo aceptamos el reto.

Dejando atrás la seguridad de los montones de chatarra y escombros que limitaban el pueblo, emprendimos el camino hacia la higuera entre los pobres y moribundos frutales que tristes, habían sido desamparados para sucumbir. Entre hierbajos y ramas secas pronto llegamos al blanquinoso tronco de la enorme higuera. No era nada raro llegar hasta allí, pues los pocos y desgarbados frutales que se hallaban en el camino permitían ver sin problema la seguridad de la primera calle del pueblo, donde se encontraba el horno del padre de mi amigo. Siendo así, aquel viejo y majestuoso árbol era sombra, cobijo, alimento y lugar de juego de muchos chicos que hasta él nos acercábamos, y no era extraño encontrar intentos más o menos rústicos y bienintencionados de fabricar casas a modo de nidos sobre sus robustas ramas.

Alcanzado este punto la cosa se complicaba. Una estrecha acequia limitaba el bosque enmarañado y profundo en el que se encontraba el supuesto hogar de aquel monstruoso ser. Sentados en ella un momento para decidir el siguiente paso que debíamos dar, podíamos ver los troncos superpuestos hacia una infinita floresta. Se suponía que ningún ser humano que se hubiera atrevido jamás a adentrarse en aquel bosque, había salido con buen pie de él, si acaso había salido alguna vez. No era cuestión de niñerías, aquel par de golfos algo mayores que nosotros estaban dispuestos a llegar hasta el final, y nos miraban con actitud desafiante en espera de poder ridiculizar el más mínimo atisbo de duda miedosa en nuestros graves semblantes. No quedaba opción posible, ya habíamos comenzado el viaje y solo la gloria o la muerte podría detenerlo.

Caminando lentos y temerosos emprendimos la marcha. Uno de aquellos cabestros encabezaba la expedición, mientras el otro cerraba el paso, a mi entender, más por controlar nuestra huida que por proteger la retaguardia. Entre hojas verde oscuro y ramas perfumadas que nos iban arañando con suavidad la cara, el pelo, las manos y los brazos al apartarlas, fuimos siguiendo un sendero imaginario hacia el mismo corazón de la selva. Pese a lo caluroso de la tarde, allí el ambiente era mucho más fresco y húmedo. No podría asegurar el tiempo que habíamos estado avanzando sobre el suelo rojizo y moteado de hierba fresca, pero ya no se veía ni rastro del pueblo allá atrás. Comenzaba a impacientarme y a sospechar algo de aquel par de memos casi desconocidos, cuando frente a nosotros apareció un diminuto claro entre los árboles. Otra acequia marcaba el límite donde comenzaba un nuevo campo sin fin, y justo antes de ella, apenas se mantenía en pie una destartalada caseta para guardar utensilios agrícolas. Las paredes habrían sido blanqueadas con cal mil años atrás, por lo que el cemento descascarillado asomaba aquí y allá en sus endebles muros, mientras un amontonamiento de viejas tejas cubiertas de musgo parecía obstinado en saltarse todas las leyes relativas a la gravedad y el equilibrio. Pese a que el único ventanuco visible en la estructura estaba guarecido con gruesas y oxidadas rejas, la puerta de verdosa y mugrienta madera se hallaba entornada, dejando que un palmo de luz vespertina se colara hacia la oscuridad profunda y sepulcral que se asomaba desde el interior del chamizo.

Llegó un momento tenso de clara y densa duda. Algunos pajarillos parecían cantar en la distancia ajenos al trauma que allí se vivía. El sol, aún en el cielo, ya comenzaba su descenso habitual produciendo una claridad rojiza. Apelotonados, ninguno se atrevía a dar el primer paso hacia la morada de semejante asesino de niños. Por fin, el más intrépido de los cuatro, un niño alto y periforme, a toda vista no con muchas luces, nos increpó con desprecio: "Venga gallinitas, si no vamos a entrar pa que hemos venío". Lento y arrogante, se fue acercando a la puerta con digno semblante. Nosotros le seguimos en pelotón cerrado. Pensé que su compañero había perdido, al igual que nosotros, toda convicción respecto a salir de allí con vida. La lenta muerte del día auguraba la misma suerte para nuestro grupo. El niño guía se hallaba a escasos pasos de la portezuela a medio abrir. Las lorzas a los costados de su abdomen y caderas se marcaban sudorosas bajo su ropa. Ya estaba a punto de empujar la maderucha que alguna vez fue una puerta, cuando se detuvo de pronto. Un extraño y espantoso gemido salía claramente desde las profundas penumbras de la caseta. Esa especie de gruñido gutural e inhumano iba creciendo en magnitud y ferocidad. Nuestro capitán, haciendo gala de los méritos que le habían llevado a merecer tal cargo, no se amedrentó, de una fofa patada abrió sin vacilar la puerta que a duras penas no se desintegró en el aire quieto de la tarde. De las profundidades de su papada, emergió el más agudo y terrible aullido de pánico femenino que escucharé en mi vida aunque se alargue mil años, al tiempo que salía despavorido hacia el pueblo como un hipopótamo en estampida, arrasando los cultivos sobre los que pasaba. Al máximo de revoluciones y con las piernas temblorosas por la subida súbita del nivel basal de adrenalina, que enviada desde nuestras glándulas suprarrenales invadió los respectivos torrentes sanguíneos de cada uno de nuestros horrorizados cuerpos, seguimos al valiente y sudoroso explorador en su desesperada huida. Con una fugaz mirada, pude ver perfectamente en el trapecio formado por la luz de poniente que inundó la caseta, las caras más asustadas aún de dos pobres chuchos callejeros, que plagados de pulgas y raquíticos por la continua lucha de llevarse algo a la boca, habían sido interrumpidos en pleno acto sexual.

Nuestra loca y desesperada carrera entre los frescos huertos, no se detuvo hasta hallarnos en la segura tranquilidad del montón de escombros que marcaba los límites del pueblo. No recuerdo que se produjera ni el más mínimo intento por parte de ninguno de nosotros, de dar una sola mirada atrás en el tiempo que duró la carrera por salvar nuestra integridad física. Tampoco tratamos de explicarnos qué había sucedido en aquel aterrador y lúgubre paraje plagado de bichos sedientos de sangre alevín.

25

Regresábamos a casa para comer antes de volver a las clases de la tarde. Un grupo de amigos que vivíamos en la misma dirección, íbamos comentando la jugada que nos precedía: Una pareja un poco extraña, de esas que el destino parece juntar a propósito, tal vez por dar algo de sal a la vida o para diversión silenciosa de quienes les rodean. El par de tortolitos en cuestión, lo formaban el primo de la prima de uno de mis amigos y su voluptuosa y soez novia. Ambos andaban cogidos de la mano a modo de romántico par de simios, rodeados de sus colegas y de la implacable cantidad de groserías que continuamente salían de la dulce boca de la enamorada princesa. Por si no fuera suficiente la cantidad de sandeces que a modo de dialecto de creación personal salían de sus entrañas, se encargaba de hacérselas escuchar a quien tuviera oídos, berreando cada palabra creada por su primitivo lenguaje a los cuatro vientos. Su voz, basta y de tono marrullero por defecto, rebotaba en las paredes de las casas que daban forma a las calles para buscar nuestros atentos pabellones auditivos. Nosotros, a una distancia cercana pero prudencial, disfrutábamos del espectáculo bajo la luz del mediodía. Era increíble. De lejos podían pasar por un número diez que hubiera adquirido vida humanoide, de cerca, eran más semejantes a la versión cómica de una anticuada película de terror de bajo presupuesto. Pero cuando los tenías cara a cara, jamás hubieras osado reír. Entonces daban miedo de verdad. Parecían dos trogloditas capaces de devorarte al percibir la más mínima burla o deje jocoso en tu forma de opinar respecto a ellos, ya fuera a través del habla en todas sus facetas de articulación sonora, o de cualquier muestra de vacilación en tu expresión corporal dentro lo establecido como socialmente correcto, si es que su percepción de las relaciones sociales prestablecidas eran las mismas que las del resto de mortales. Eran más que raros, y además lo sabían, eso parecía mantenerlos en un estado de perpetua defensiva, algo así como una paranoica sensación que les llevaba a sentirse analizados en todo momento por las personas que les rodeaban. En efecto, a su favor debería decir que así era. Llamaban la atención sin proponérselo. Era su estado natural dentro del orden universal de las cosas. Omitiré aquí el apodo cariñoso con el que los denominábamos, más por educación y respeto al lector que por mantener su anonimato, ya que el sobrenombre era de nuestra cosecha particular y uso exclusivo, habiendo negado hasta la muerte el hecho de que usáramos aquel apelativo para referirnos a ellos en caso de ser descubiertos. Tan grande era el pavor que inspiraban.

En eso de comentar el conjunto de su aspecto físico y expresivo andábamos alegres, cuando uno de mi grupo dio la voz de alarma y, bromas aparte, esta también fue de auténtico terror: "¡¿Pero no te habías deshecho ya de esa porquería?!" Siguiendo la dirección de su mirada, pronto pudimos descubrir, mezcla de horror, mezcla de profunda pena por el sufrimiento ajeno de un ser querido, cuál era el motivo de tal expresión de dolor. Un par de zapatillas de un blanco mugriento cubrían sus pies. Hasta aquí todo podría parecer de lo más normal, pero la cosa era peliaguda en extremo. Todos habíamos tenido aquellas mismas zapatillas, y todos, él incluido, habíamos luchado duro por conseguir hacerlas desaparecer lo más pronto posible de nuestras vidas. Las habíamos explotado al máximo para romperlas lo más rápido posible: mojarlas en todos los charcos fangosos, arrastrar las puntas por el asfalto, enganchar la suela de una con la de la otra al tiempo que estirabas hacia arriba para tratar de despegarla... Cualquier acto que pudiera acortar su existencia útil, fue usado en contra de ellas a conciencia. Nos detuvimos a mirar a nuestro amigo al tiempo que los enamorados se alejaban a su ritmo lento, arrastrado y cubierto de graznidos desgarrados por parte del lado femenino de la pareja. En la mirada de nuestro compañero se podía leer cierta pena bajo la simple tristeza humillada. Su respuesta nos dejó atónitos: "Mi madre compró dos pares, con tan mala suerte que tras utilizar los dos durante el tiempo que duró cada uno, terminé con la zapatilla izquierda de un par destrozada, y la derecha del otro en el mismo estado; total, que se han salvado una de cada par para formar un tercero, el que aún llevo puesto". Aquello era el colmo de las desgracias adolescentes. La pesadilla no solo se había alargado con un nuevo par tras el odiado primer par, además habían gestado un engendro grotesco al que podíamos llamar el tercer par fruto de los dos primeros. Humillación en estado puro. Películas de jóvenes desventurados, chicos que luchan por alcanzar un estatus social respetable saliendo desde las cloacas... La realidad siempre supera la ficción.

Para que este enrevesado relato mantenga la consistencia, es necesario explicar el origen en toda su crudeza: La adolescencia despierta en todos los chicos y chicas un millón de procesos hormonales de sobra conocidos. También, el hecho de despertar como seres sociales conscientes de la percepción que su aspecto causa en los demás semejantes, va a acarrear toda una serie de procesos quizá menos evidentes en lo físico, pero mucho más influyentes en lo espiritual. Este es el caso de querer dar, cara a la galería, una buena imagen tanto como seres de físico atractivo pese al acné, como en la forma de vestir y la calidad de las ropas con las que nos acicalamos. Había ocurrido por aquellos tiempos, la desgraciada casualidad de que todas las madres de los jóvenes de más de medio pueblo, hubieran descubierto en el supermercado de turno, una gran oferta en zapatillas deportivas, una de esas oportunidades que las madres, en su lucha mensual por alargar el dinero hasta final, no podían dejar pasar. Aquel tipo de batalla económica, era en cierto modo desconocida e incomprensible para los felices hijos de las bienintencionadas madres, del mismo modo que ellas eran incapaces de entender el daño psicológico que podía sufrir un adolescente deseoso de vestir marcas de moda, al encontrarse no solo privado de ellas, sino peor todavía, viéndose calzado con la misma basura barata sacada de los montones de saldos que todos los chicos de su edad usaban. Del mismo modo, la adolescencia de nuestras madres, estaba ya tan lejana y había sido tan diferente a la nuestra debido a las circunstancias económicas del país en sus tiempos, que estas eran incapaces a su vez de comprender el alma apesadumbrada de sus retoños al salir a la calle con aquella baratija en los pies. Para ellas, llevar algo puesto en el lugar en que terminaban sus piernas cuando eran niñas, ya había sido todo un lujo, por lo que la situación aún se hacía más difícil de entender por sus cerebros curtidos en las escaseces del pasado.

Que yo recuerde, solo fui poseedor un par de veces en mi adolescencia de ropa de alguna marca de moda en aquellos tiempos. Ambas prendas, a saber: un pantalón y unas zapatillas deportivas, fueron traídas desde algún lugar lejano, donde su precio era inferior por la falta de sobrecargos impuestos por el estado a estos productos. Por supuesto, sobra decir que al no haber sido probadas, ninguna de las dos prendas era de mi talla.

En el caso de las deportivas se dio el típico asunto del crecimiento. Siendo el precio de estas una especie de inversión de futuro o a largo plazo según lo veamos, fueron encargadas al viajero que me las compró, tres o cuatro tallas más grandes de la que yo usaba. Las madres siempre esperan, como todos sabemos, que sus hijos adolescentes continúen creciendo al parecer, de forma permanente y desmesurada, supongo que por motivo de que haya sucedido así desde que vieron la luz tras el parto. La consecuencia inmediata fue que las zapatillas me resultaron incómodas desde el primer día debido a su tamaño. El problema final resultó ser que las tiré a la basura de viejas y gastadas sin haber logrado jamás llegar a rellenarlas, ya que la talla adecuada nunca fue ni ha sido alcanzada por mis pies. En resumen:

no fueron más que un continuo incordio durante toda su vida útil.

En el caso específico de los pantalones la cosa fue al revés. Las tallas parecen no estar estandarizadas en todos los lugares por igual, por lo que los míos no me los podía abrochar. Al margen del aprisionamiento genital que su ceñida figura me ocasionaba, no era cuestión de echar a perder una prenda que pese haber sido traída previo pago algo más económico y por encargo, era de una buena marca que además, estaba muy de moda entre la población juvenil de holgada posición. Años después he de admitir que descubrí, que aquellas marcas tampoco eran nada del otro mundo. Las realmente buenas eran aún más caras, pero no las llegamos a conocer ni de nombre. En fin, en nuestro mundo medio aquellas sí eran las marcas que era obligado al menos poseer en cierta medida. No así en tallas por lo visto, ese era otro tipo de posesión que parecía encontrarse a mil años luz de nuestros hogares. Aparte de este detalle que es meramente anecdótico, yo me puse mi apretada prenda de vestir y salí a la calle con la esperanza de no perder las piernas por la falta del oxígeno vital que nos aporta la circulación sanguínea. Aquella misma tarde del deseado y traumático estreno de indumentaria, sentado junto a mis amigos en un banco del parque de reunión por el que había que dejarse ver, estábamos en la labor de deleitar nuestros paladares con un helado de chocolate. Apenas había saboreado el refrescante manjar, cuando un buen pedazo de este cayó sobre mi pantalón, dejando una enorme mancha marrón en plena pernera, justo entre la ingle y la rodilla. Aquello iba a ocasionarme no solo la casi segura pérdida de la famosa prenda, también una buena bronca por parte de quien la había pagado, vamos, mi madre. Ahh, no había comentado que el pantalón era de color blanco, muy de moda también por aquel entonces.

Poco tiempo después de aquellos acontecimientos, optamos por otras alternativas en nuestra indumentaria. Se había producido una nueva forma de pensar en nuestro grupo. La música y la poesía, habían cambiado la manera de ver las cosas y de sentir la realidad hacia caminos más independientes. Pronto, las botas militares y la ropa alejada al máximo posible de las marcas y los usos pasajeros, invadieron nuestros armarios. Cuando más adelante comencé mis andanzas laborales y pude pagar la indumentaria que antes jamás estuvo a mi alcance, no se me pasó ni un solo instante por la cabeza hacerlo. No me interesaba en absoluto seguir tendencias que eran impuestas por seres que nada tenían que ver conmigo a nivel intelectual. El mundo de las apariencias establecidas me había sido vetado en el pasado. Ahora era yo quien no tenía ningún interés en él.

26

Las penas y glorias de aquellos agradables juegos y estudios infantiles, llevaban a largos y plácidos veranos desprovistos de la más mínima responsabilidad, donde las mañanas de playa o piscina daban paso a las tardes de paseo sin rumbo. El tiempo y la vida trajeron a mi lado el último estío antes del instituto. Nuevos y mayores cambios y retos se abrían ante mí como caminos y huertos por explorar plagados de monstruos. Yo, sin el más mínimo pavor y aún más, cargado de armónica curiosidad, estaba expectante y alegre de afrontar aquellos nuevos designios que el destino me tendría preparados. Como en los viejos retos de infancia, la seguridad de salir airoso de ellos me acompañaba en todo momento. ¡Qué larga e interesante era la vida!

No sabía fumar. Algunos amigos habían comenzado a hacerlo, pero la casualidad, me llevó a que al parecer, meses atrás, el viejo compañero de infancia que me enseñó a fumar tenía menos idea aún que yo. Era un buen chico al que las circunstancias de su barrio y el tener un año más, le hicieron sentirse en la obligación de empezar a moverse por ahí con un cigarrito en la mano o entre los labios. Son cosas que vio hacer entre los muchachos de su calle, ya que en realidad, ninguno de sus padres fumaba. Pasaba por su casa antes de ir al parque donde nos juntábamos con los demás, y nunca estaba preparado. Era de estas personas que pueden permanecer horas delante de un espejo, tras la ducha, arreglando el más mínimo detalle de cada uno de sus mechones de pelo hasta que todos creaban, según su criterio, la estructura capilar perfecta. Respecto a mí, reconozco que la última vez que salí de casa peinado, fue cuando mi madre me acicaló para tomar la primera comunión. Nunca me ha preocupado mucho el aspecto de mi pelo, han pasado ya muchos años y sigue sobre mi cabeza, tan lustroso y abundante como siempre: no necesito más.

Aquel día, cuando llamé al telefonillo del portal de su domicilio, me hizo subir un momento, cosa curiosa. Cuando entre en su habitación tras saludar a su madre que estaba eternamente limpiando la casa, me lo encontré peinado a la perfección... pero en ropa interior. Segundo asalto: decidir el atuendo de turno que más le iba a favorecer aquella simple tarde de sábado en un pueblo miserable sin nada que hacer. Era un chico alto y bien plantado, pero en aquel municipio solitario quién iba a admirarlo. Sacando la cabeza por la ventana de su cuarto, que daba al patio de luces, comenzó a gritar como un poseso para anunciar a su vecino y amigo de tres o cuatro pisos más arriba mi llegada, instándole a bajar para escuchar música juntos. La cosa iba para largo pero, el vecino también era un chico divertido y no teníamos nada mejor que hacer. La llegada del mencionado conocido coincidió con la marcha de la madre de mi amigo, lo que nos dejaba solos en casa. Aún no habría la buena mujer traspasado el umbral del patio, cuando la música ya hacía retumbar las paredes de la habitación, y un paquete de cigarrillos hacía su aparición estelar. Colocándose mi cómplice uno entre los labios, le prendió fuego al tiempo que me ofrecía otro a mí. Le dije que vale, pero que no tenía ni idea de cómo se hacía. Como ya he dicho, lo suyo era imagen, por lo que su sabia respuesta fue: "Chupas el humo hacia la boca y te lo tragas como si tragaras saliva". Cualquiera que fume, puede tener claro el resultado evidente: ninguno aparte del sabor picante del humo en la boca. Una decepción. La canción del momento continuó tronando mientras el cigarro se consumía solo y dejado de lado en un cenicero de cristal. El vecino y yo seguimos mirando como nuestro anfitrión rebuscaba entre la ropa de su armario durante horas y horas.

El destino quiso que en aquel dulce verano anterior al instituto, nos estuviéramos aburriendo el grupo de amigos una cálida noche en un banco de parque. Alguno de ellos había traído un paquete de extraños cigarros sin papel, estaban liados al parecer con las hojas secas de aquellos árboles frutales que rodeaban nuestro microcosmos, y como suele ocurrir en los inicios de todos los vicios legales, aquella cajetilla había sido sustraída sin permiso del cajón de algún familiar despistado. Yo seguía sin saber fumar, por lo que la curiosidad me llevó a preguntar, y cosas de la vida, un amigo que ni había fumado ni fumaría jamás, estaba totalmente enterado del procedimiento adecuado. Hay que decir en favor del pobre chico, que solo él y su madre no fumaban activamente, ya que su padre y hermanos consumían ante ellos cantidades industriales de tabaco. A mi pregunta curiosa mi amigo respondió: "Tienes que absorber el humo hacia la boca, y después meterlo hacia los pulmones como si respirases". La reacción causa efecto fue inmediata para mi cabeza: el mareo que cogí fue tan grande que tuve que sentarme en el banquito del parque. Cosa curiosa de las drogas, me sentó fatal, pero al ratito ya estaba dispuesto a darle otra caladita. Hace ya más de diez años que dejé de fumar.

27

Le llamábamos el berrido del cerdo. Aquel compañero de pupitre era repetidor, sin muchas ganas de enmendarse y un gran apasionado de la comida. Su cara pálida y redonda como dibujada a compás, se ponía colorada en los mofletes regordetes cuando destrozaba el silencio de la clase con el berrido del cerdo. Su tez cambiaba de ese modo en que enrojecen las personas muy blancas de piel, como si el color hubiera sido superpuesto a la superficie de su rostro en un lugar determinado. Normalmente, esto ocurría cuando el profesor de turno se ausentaba un momento y nos dejaba realizando algún ejercicio, pero nuestro divertido colega, no hacía ascos a bramar si la ocasión lo permitía con el maestro delante, aprovechando alguna situación de descontrol general a la que se hubiera llegado en el aula. Al margen del clásico docente que pudiera ser extremadamente serio, nadie podía resistirse al encanto de aquel chico y al sonido que de su garganta salía muy a menudo. Nadie se salvaba de morirse de risa ante sus ocurrencias. Además, al ser repetidor, ya era un viejo conocido, lo que le otorgaba cierta aura de respeto.

Uno de los mejores profesores que he tenido la suerte de disfrutar en mi larga marcha hacia el conocimiento, fue una señora que enseñaba una lengua tan básica como muerta. Era de estas personas que encuentran tanto placer compartiendo sus conocimientos con las nuevas generaciones, que se entregan en cuerpo y alma para que sus alumnos saquen el máximo partido de su etapa escolar, tanto a nivel educativo como personal. Una de estas personas que podrían haberme ayudado, si mi dura cabeza hubiera tenido el más leve resquicio donde insertar una palanca que abriera un hueco imaginario, para poder hacerme entrar en razón antes de echar mi vida al completo por la borda de un imaginario barco que ya se escoraba. Desde luego, puedo decir que probablemente fue la única persona relacionada con mis estudios que lo intentó con verdadero interés. En esta entrega suya por la educación, si bien le sobraba alma, le faltaba bastante cuerpo, pues la mujer ya andaba muy pasados los setenta, pese a lo cual, seguía dando clase con enorme interés y todo el vigor que su cascado organismo le permitía.

Aquella mañana de finales de año, el solecito entraba por los enormes ventanales del aula, y habiendo dejado las persianas a medio cerrar para permitir que sus rayos nos nutrieran espiritualmente, la afable anciana pasaba lista desde la posición algo más elevada que ocupaba su mesa y silla dentro de la habitación. Uno a uno, iba solicitando el "presente" de turno que debíamos pronunciar tras escuchar nuestro nombre y primer apellido. Quiso ese sol del bien entrado otoño, acariciar el rostro de la longeva y querida docente con sus manos de paz y relajación, hasta el punto en que su voz se fue extinguiendo, mientras su venerable cabeza luchaba una y otra vez por mantenerse erguida. A mitad de un nombre, consiguieron las garras del sueño matinal llevársela hacia su mundo de placer ante la atónita mirada de todos. Ciertamente era una pedagoga muy querida, y la primera reacción fue un poco de preocupación general, pero el constante y rítmico movimiento de su pecho, junto a un ligero y plácido ronquido, nos sacó rápidamente de dudas respecto a su salud. Un murmullo fue creciendo aquí y allá ante la duda de qué hacer y cómo despertarla disimuladamente. La vacilación común duró muy poco. El berrido del cerdo rompió la mañana con su estertor. Las risas tuvieron que ser ahogadas dentro de las gargantas al ver la expresión de terror en el rostro de la anciana, que posiblemente creyó que el techo se venía abajo, sin embargo, nuestro rápido y cómplice disimulo al hacerle pensar que estábamos realizando alguna tarea ordenada por ella, supongo que la llevó a pensar que sencillamente había tenido una pesadilla mientras descabezaba un sueñecito, sin que nosotros nos percatáramos tan siquiera de ello. Para cuando fue totalmente consciente, todos estábamos casualmente muy ocupados y con la mirada fija en nuestros pupitres.

Así pasaban los días de aquel primer año de instituto: alegres y ajenos a todo tipo de problemas. Había buen ambiente en clase, las horas pasaban amenas y las tareas no requerían un esfuerzo mucho mayor que antes. Para mí, la escolarización continuaba sin el más mínimo incidente personal o social, ni tan siquiera dificultad alguna en los estudios. Sí es verdad que se habían producido cambios sustanciales: ahora estaba permitida la salida del centro para ir a almorzar a media mañana, se compartían cigarrillos en los pasillos o en los servicios durante los cortos periodos entre clases, alguna que otra fiesta de estudiantes ocasionaba que alguien bebiera más de lo debido con el consiguiente llanto que ponía fin a la borrachera, y que estaba invariablemente producido por algún amor no correspondido... En resumen, todos los cambios parecían ocasionados por el normal discurrir de los años y el lógico devenir vital.

28

El tipejo, enfundado en un traje oscuro, aseguraba que no podíamos acceder al local. Yo miré con incredulidad a mis dos mejores amigos. El petimetre en cuestión hizo lo propio con su compañero, este, igualmente acicalado y enfundado en otro traje negro, dio por última respuesta: "Si es que encima van despeinados". No podía dar crédito a aquel par de patanes. Acababan de permitir la entrada a la discoteca de la cual eran porteros, a todo un instituto de chicos y chicas de los cuales, más de la mitad no tenían edad legal suficiente para beber y ni tan siquiera para penetrar en semejante antro, y todo lo que se le ocurría como excusa para no dejarnos franquear la puerta era nuestro pelo. Es verdad que nuestras pintas no eran muy adecuadas para la normalidad del vulgo, y también admito que no parecíamos los yernos deseados por una madre pero: no habíamos roto un plato en la vida, ni teníamos ninguna intención de hacerlo, solo éramos adolescentes de viaje con su instituto a los que les gustaba e interesaba conocer mejor la música, y no quedarnos con las simplezas de moda que ponían en aquellas discotecas de pacotilla. Nos apasionaba profundizar y empaparnos de las tendencias musicales pasadas, actuales y venideras, y sí: aquello implicaba no vestir ni peinarse con el estilo al uso. ¿Qué delito era aquel?

Allí estábamos, en medio del país, en plena capital y andando solos por una avenida nocturna, mientras todos los compañeros y profesores se divertían en aquel cuchitril de música barata. Cigarrillo en mano, paseamos nuestras pintas por las calles, sacando partido de la aventura, y sintiéndonos en el fondo de nuestras almas especiales por no haber sido admitidos en las salas de la vulgaridad.

De camino hacia la ciudad, habíamos hecho una parada de descanso en otra más pequeña pero con un enorme encanto. Allí nos habíamos perdido por las estrechas callejuelas a nuestro ritmo, y tras pararnos a descansar en una plazuela, habíamos descubierto que una chica trataba de hacernos una fotografía. Pillada in fraganti, la mujer, que apenas tendría treinta años, pero que entonces la veíamos como una señora joven debido a nuestra corta edad, nos preguntó abiertamente si nos podía retratar sentados en aquella plaza con un antiguo edificio de fondo, a lo cual accedimos sin problema alguno. La cosa empezaba a ser habitual y hasta divertida, la idea de montar aquella banda de música ya rondaba nuestras cabezas, y salirse del tiesto de lo preestablecido supongo que formaba parte del juego. El problema que entonces no conocíamos y que de haberlo sabido, jamás hubiéramos admitido como dentro de las posibilidades reales, era que en los juegos no siempre se gana.

Cansados ya de andar y con la boca seca por el tabaco, nos metimos en un bar de comidas que seguía abierto pese a la avanzada hora de la noche. Tenía unos enormes ventanales que daban a una avenida, y junto a ellos, varias mesas rectangulares que al ocuparlas, te permitían una agradable panorámica de la ciudad nocturna, con sus luces fluorescentes y el tráfico continuo pero escaso. El hombre que gobernaba el lugar desde la barra, no tuvo ningún tipo de problema en servirnos tres refrescos, mientras mantenía una grata conversación deportiva con los dos únicos parroquianos que tomaban algo en el mismo lugar. Al terminar, emprendimos la marcha hacia el hotel en el que nos hospedábamos todos, comentando alegremente nuestra aventura digna de gente realmente auténtica. Hay que decir que la siguiente noche, se nos permitió la entrada junto a los demás en la discoteca elegida al azar, la cual no tenía un aspecto tan clasista como la otra. La verdad es que la música era agradable y lo pasamos bien. Hay tantos lugares diferentes, y tantas cosas y personas interesantes por conocer en este mundo…

29

Las cosas florecen, ocurren sin más, las buscas...
no sé. Fuera como fuere alguien dentro del grupo de
amigos apareció con algo para fumar aquella noche
de verano. Algo que se fumaba mezclado con el tabaco, una cosita de un marrón verdoso y con olor a
campo. Sentados en una vieja acequia, de esas que
marcaron nuestra infancia y juventud, o nuestra vida
al completo tal vez, nos dispusimos a poner en práctica nuestra labor manual. Las luces del pueblo de-
trás de nosotros. Los fragantes y frescos campos delante. El universo sin fin girando sobre nuestras cabezas. Se decidió a ojo y por unanimidad de puro
compañerismo, separar en dos la mercancía y fabricar sendos cigarrillos según habíamos escuchado
que debía hacerse, pues ninguno de nosotros lo habíamos visto hacer en la vida. Uno se me encomen-
dó a mí y el otro a uno de mis cuatro amigos, casualmente, el que ni fumaba ni fumaría más que una
calada por probar en toda su vida. Quiso el destino
que el mío saliera bastante consumible, lo que me
erigió durante mucho tiempo en el encargado oficial
de la manufacturación dentro del grupo, dándome
también la responsabilidad de ejercer de jefe de in-
tendencia, haciéndome cargo de guardar las reser-
vas, cosa que habría de causarme un buen lío en casa
no mucho después, al ir mi madre a lavar uno de mis
pantalones. Una vez finalizadas nuestras obras, comenzaron a girar entre los cuatro amigos, pasando
solo una o dos veces por manos del quinto, que co-

mo he dicho no quería ir más allá de una simple cata. Allí sentados, dando alguna miradita hacia el pueblo por el sentimiento de estar realizando una maldad, temiendo ser descubiertos por alguien que pudiera conocernos y dar parte a nuestros padres, aquellos deformados cigarros fueron girando en nuestras manos, mientras son puntas inflamadas iluminaban la cara de turno del amigo que succionaba el mágico humo.

Terminado el ritual y pasada la prueba de fuego, tomamos la decisión de adentrarnos en el pueblo y sentarnos en un parque, por aquello de no llamar tanto la atención. Lo primero que recuerdo haber sentido, fue un cambio significativo en la percepción de las cosas. Al enfilar la calle, las luces de las farolas tenían diferente brillo, hasta la cualidad de la materia que iluminaban, tan familiar y conocida desde siempre, parecía haber sufrido un sutil cambio. Al tratar de caminar, todo se movía muy despacio, el mundo parecía haber bajado las revoluciones de su constante centrifugar. Cada paso se hacía lánguido y arrastrado, como en un sueño. Un amigo que caminaba junto a mí, al mirarme, con lenta sonrisa del más allá me dijo: "Esto sí que es un viaje tío". Al más puro estilo película de experimentación juvenil. Supongo que hasta el momento todo entraba dentro de los límites de la normalidad. Tras tardar cien años en cruzar la calle principal, continuamos andando por la que se extendía frente a nosotros. Sobre la acera desierta, flotamos lentamente en dirección al discreto parque situado hacia la mitad del camino.

Nos hallábamos aún a cierta distancia de nuestro destino, cuando un amigo que iba cerrando la marcha en solitario meditar, cambió totalmente el rumbo de la situación. Como toda la travesía estaba formada por plantas bajas, al pasar él junto a una de las ventanas a pie de calle se detuvo, y muy serio nos dijo: "Yeh nanos, jo he vist a dos follant". Tras las milésimas de segundo que pese a la aparente lentitud física del espacio que nos rodeaba, tardaron nuestras mentes en analizar la frase y el modo en que había sido expresada, un ataque general de risa incontrolada nos envolvió a todos. Reímos y reímos sin parar mientras nuestro camarada, muy serio, pasaba una y otra vez junto a la ventana, escrutando con disimulo hacia el interior de la casa, donde en efecto, se podía ver una habitación débilmente iluminada que parecía amueblada como cuarto de dormir. Nunca supimos si sobre la cama situada allí se habría estado realizando o no, algún acto amoroso al tiempo que avanzaba nuestra procesión de paso abstraído, si así había sido, los amantes debieron huir al sonido de nuestras risas imparables.

Aquella hilaridad nos acompañó el resto de la noche hasta darnos dolor en las costillas, no existía forma de contenerla. Desde aquella noche, cada vez fueron más numerosas las situaciones en las que reíamos sin parar. Hubo antes más veranos, más noches de tranquilidad regadas de alegres fluidos, pero nunca antes nada tan divertido como ese verano de las risas. Toda moneda posee su cara, y tras ella siempre hallaremos una cruz. El verano de las risas dio paso inexorablemente una vez más a un invierno de instituto, y este llegó con una sentencia a muerte sobre su espalda.

30

No sé si por dignidad o por simple vergüenza, me había molestado en ir retirando un vaso de cerveza vacío tras otro, al tiempo que recogía el siguiente de entre las manos de mi servil y simpático suministrador de oro líquido. Como no necesito mucho ya en mi estado natural, para entablar cordial conversación con cualquier desconocido, el ir y venir a la barra de la impersonal cafetería de aeropuerto, ya me había colocado en cierta posición de amistad con el camarero, convirtiéndome en una especie de cliente habitual de efímero paso. La cosa se comenzaba a torcer, y tomé la decisión de cambiar de punto estratégico en mi labor de vigilancia. A estas alturas, ya había perdido toda esperanza de volver a encontrar aquel destello de luz rojiza mientras oteaba hacia un océano deslumbrado por el sol. Acostumbrado como estaba a que las cosas funcionaran así en mi vida, tampoco me pareció nada extraño, pero sí decepcionante en mi interior más íntimo y personal. En el fondo de mí, siempre me he aferrado a cada cosa que ha ido sucediendo a lo largo de los años, siempre he mantenido pese a todas las desilusiones, la seguridad de que esa vez todo iba a ser diferente. Mantenerme en aquel lugar más tiempo solo me habría llevado a un estado de falta de lucidez, en el que mi mente ya no trabajaría de la forma adecuada, poniéndome en un serio aprieto cuando me topara con mi dulce hada de vete a saber tú que cuento infantil. Insisto, el evidente hecho de la imposibilidad de volver a encontrarla, ni me rondaba por la cabeza. ¿Acaso un aeropuerto internacional, con cientos de vuelos al día hacia cientos de destinos diferentes, iba a ser capaz de tragarse al amor de mi vida sin dejar rastro?

Tras despedirme de mi anfitrión con un ademán y una amplia sonrisa lejana aún de la ebriedad, me encaminé con el paso firme y seguro de quien tiene un destino, un deber honroso e ineludible, hacia los servicios más cercanos. Mi vejiga estaba a punto de sobrepasar su límite soportable de capacidad de continencia. Por fortuna, no se encontraban muy lejos, y el universal símbolo de señoras/caballeros colgaba sobre mi cabeza con una flecha indicando la dirección. Muy digno, atravesé la puerta en la que el dibujito no llevaba falda, una vez se cerró a mi espalda, y viendo que me encontraba solo, me encorvé como si hubiera recibido una fuerte patada en mis partes más íntimas, tanta era la necesidad de devolver a la tierra la parte de cerveza que le correspondía, algo así como una libación a modo de sacrificio tardío, agradeciendo mi buena suerte amorosa. En el momento de máxima genuflexión, fue abierta sin previo aviso la puerta de uno de los excusados bajo el impulso de una mano blanca y arrugada, la cual pertenecía a un venerable anciano que desde unos dos metros de altura, me observó con una mezcla de sorpresa y sobresalto. Aunque traté de erguirme lo más rápido que mi dolorida vejiga me permitió, el mal ya debía de estar hecho, pues el caballero caro y elegantemente vestido, dirigiéndose hacia las hilera de pilas frente al pulcro espejo, llevó a cabo un límpido quiebro de cintura y desapareció por la puerta que yo acababa de atravesar sin que sus manos rozaran el agua. Para el caso era lo mismo, las urgencias son urgencias. Ocupé uno de aquellos cajones de imitación a madera, cerrando su exigua puerta y dejando tras de mí la maleta. Me dispuse a vaciar todo el líquido que mis células no necesitaban y mis riñones habían desechado. Un fresco olor a ambientador y a limpieza, me rodeó como si me encontrara en realidad en el centro de un idílico bosque. Me embargó el placer de la mitigación de un dolor sostenido largamente en el tiempo, a la vez que mi cuerpo perdía humedad.

La cosa iba muy para largo. Seguía sin aparecer el nuevo horario establecido para mi vuelo en los carteles electrónicos. Decidí buscar sin prisa la primera bifurcación de las innumerables puertas de embarque, si me sentaba allí, podría aumentar mis probabilidades de ver pasar a mi chica. ¡¿Cómo había sido tan cretino?! Era evidente que esa había sido mi mejor opción desde el primer momento. Las cosas no caen del cielo a modo de lluvia dadivosa. Sentarme a esperar bebiendo y comiendo. ¡Qué inútil había sido! ¿Acaso me lo iban a dar todo hecho? ¿Acaso alguien aparte de mis propios padres, familiares o amigos, me había regalado alguna vez algo de forma totalmente desinteresada? No daba crédito a mí mismo, pedazo de… sentadito tan tranquilo mientras lo que siempre había soñado pasaba arrastrando su maleta en dirección a su próximo vuelo. Un momento. ¿Quién dice que para ella existía un próximo vuelo? Tal vez en estos momentos un taxi la estaba dejando en la puerta de su casa. Quizá ya andaba camino de su encuentro laboral, que yo fuera a llegar tarde al mío no implicaba que se encontrara en la misma situación.

Comencé a desesperarme. Mi empresa era imposible y el mundo inmenso. Por qué no admitirlo, todo había sido otra más de mis locuras, de mis ilusiones sin fundamento ni objetivo real y alcanzable. Desalentado en extremo, me apoyé en una barandilla acristalada que parecía una especie de mirador hacia las cafeterías, tiendas, puntos de información, personas y más personas... Un contenido sin continente se desparramaba a mis pies, sin más sentido para mí que yo para ellos, seres anónimos vagando por un mundo que movemos sin ser conscientes: engranajes, ruedecillas, correas, cadenas, grasa lubricante para nuestros movimientos preestablecidos... y yo aquí perdido, tornillo oxidado, roto y desechado...

Allí estaba. Un largo abrigo marrón claro, cabello rojizo sobre los hombros, maleta tras sus pasos. Acababa de salir de una tienda de perfumes y se encaminaba directa a perderse de nuevo. La seguí con la mirada desde la altura, casi corriendo y a punto de tumbar una de esas plantas de plástico, que en enormes maceteros de barro, pretenden alegrar los lugares públicos y cerrados con su triste naturaleza muerta. Vale, se había detenido en uno de los puestos de información, era con toda seguridad un retraso. ¡Sí! Su vuelo tampoco partía a hora, se hallaba tan perdida como yo, era otro personaje sin papel en la rara trama del mundo. Tenía las escaleras muy cerca, y ella debía hacer cola tras dos viajeros para poder solicitar la información que necesitaba. Había llegado hasta allí en el mismo avión que yo, no podía ser casualidad, la casualidad no existe, solo el destino. ¿Cogería también el mismo vuelo atrasado que yo esperaba? ¿Ocuparíamos asientos continuos? Llegué a las escaleras mecánicas dando tumbos y sin dejar de lanzar locas miradas hacia la enorme sala inferior. Me detuve al instante. Solo ascendían. Las que realizaban la operación contraria se hallaban justo al otro lado, a unos cien kilómetros de distancia. Algunas personas subían por las escaleras, despreocupadas, ajenas al trance vital que ocurría sobre sus cabezas. Di otra mirada hacia ella, ya estaba hablando con la chica de información, el pelo le caía sobre la cara mientras se inclinaba a observar algún papel que la empleada le mostraba, su blanca mano comenzó a apartarlo. No me quedaba tiempo, era ya o nunca, los viajeros seguían dejándose izar por el engendro automático. ¡Gracias por todas las normas introducidas en nuestras tiernas y maleables mentes por las gentes de bien! ¡Gracias por nuestros cerebros infantiles predispuestos a absorber con pura avidez las normas sociales bien indicadas! Todo el mundo se apoyaba en la barandilla de goma a su derecha, dejaban la izquierda libre para permitir el paso a quien tuviera prisa. No lo dudé, cargándome la oscura maleta al hombro como si fuese un cajón repleto de fruta, me lancé escaleras abajo ante las miradas de extrañeza de mis semejantes, que no sé qué pudieron pensar ni me importa, la verdad. Saltando los escalones de dos en dos, para tratar de compensar el empuje ascendente de aquella maldita escalera negra como un terror nocturno, desafié todas las leyes de la física encomendándome al poder divino para no perecer en el intento de conseguir el soñado amor. Ya en tierra firme traté de recomponerme, erguido y solemne me encaminé hacia el tenderete de información. Qué le diría al estar frente a ella lo dejaría a la improvisación, siempre se me dio bien hablar. Era tal vez mi última oportunidad. El tumulto de gente fue despejándose a mi paso, como si se deslizara ante la cámara que graba una escena en primera persona de alguien caminando sobre la acera de una gran ciudad. Estaba frente a mí, aún caminaba con la vista fija en el folleto que le habían entregado en el puesto de información, tal vez por eso se había quitado las gafas. Al llegar a mi altura levantó la vista, supongo que por intuir mi presencia. Unos ojos negros me miraron con expresión torva desde un rostro pecoso y de toscos ángulos. Me esquivó sin tratar de ocultar su desdén, y aquella insulsa ruedecilla se perdió girando entre las demás hacia su destino particular.

En mi paso por los aseos había decidido quitarme las lentes de contacto, ya las llevaba puestas muchas horas y los ojos habían comenzado a escocerme. Había pensado sacar de la maleta mis gafas cuando me sentara cerca de la primera bifurcación de las puertas de embarque. No había tenido la oportunidad de llegar a hacerlo.

31

Al tener sus ojos tan cerca, pude ver esa fina y apenas perceptible aura azulada que sobresalía alrededor de cada iris. Le pregunté si llevaba lentillas con la alegría juvenil de quien encuentra algo más en común con la persona que comienza a atraerle cada vez con mayor fuerza. A su respuesta afirmativa le correspondí con una sonrisa y un "yo también". Se acercó aún más a mí para poder comprobar que lo que decía era cierto, y también en mis ojos se hallaba aquella señal tan leve del uso de lentes de contacto. En los suyos, de un suave verde, se reflejaban las últimas luces de la tarde que se despedía tras los cristales del pasillo de instituto. Su rostro mostraba una fingida ingenuidad hacia lo agradable que le resultaba como a mí, estar tan cerca del querido amigo. Hubiera dado mi vida por besar sus labios que no estaban pintados. Ninguno de los dos nos decidimos a hacerlo. Yo no me lo planteé pese a desearlo, tanto me costaba dar el primer paso. Por su parte no sé el motivo por el que no lo hizo, tal vez fuera parecido al mío, tal vez no lo deseaba. Si lo hubiera hecho, me habría dejado llevar con gran alegría. Nos separamos un poco, permaneciendo dentro de los límites legales de nuestra íntima amistad, y continuamos charlando como si nada ocurriera, dejándonos mezclar con el sencillo momento crepuscular de las luces mortecinas del pasillo.

En la vida encuentras personas con las que el trato continuado te lleva a sentir hacia ellas una agradable afinidad o una desagradable antipatía. Son cosas de la convivencia, otras en cambio, te resultan sencillamente indiferentes. Aún puedes encontrar un tercer tipo de relación interpersonal. Esta se encuentra en los límites de lo inexplicable. Algunas personas, pertenezcan al género y edad al que pertenezcan, poco importa, son capaces de provocar digamos que a primera vista, sin apenas cruzar dos palabras, una tremenda atracción. Varios de estos seres encontrados por azar, acabarán siendo muy probablemente unos buenos amigos íntimos para el resto de tu vida; otros se convertirán en una pareja con mayor o menor fortuna en las vueltas que el amor te haya reservado; y tal vez otros permanezcan en una especie de limbo de lo que pudo ser y nunca fue, personas con las que siempre actuarás como un buen amigo si es que las vuelves a encontrar, y de las que siempre guardarás un grato recuerdo al tiempo que te hará feliz saber de ellas, sentir que todo les va bien y son a su vez felices también. Quedarán en el espacio de lo que pudo haber sido…

Hubiera podido. Pretérito pluscuamperfecto de subjuntivo. Esta sería la mejor forma de definir mi vida, o al menos es la forma en que siento que podría ser narrada. Con los años, este tiempo verbal del podría haber tenido lugar en el pasado, acabó por formar parte completa de mi presente simple, terminó por delimitar y abarcar en sí mismo toda la extensión y sentido de mi existencia.

Mi poético abandono del instituto me llevó a una primavera y un verano de pesadilla. Por increíble que pueda parecer, en un principio lo encontré normal. Bueno, reconozco que pasaron muchos y largos años hasta que comprendí que no tenía nada de normal. Para entonces ya era tarde. Había caído en la espiral sin fondo del deprimente submundo laboral de los trabajadores sin estudios ni cualificación específica alguna, el mundo preparado para los ceros a la izquierda, los prescindibles, meros botones que se aprietan o dejan de apretar a gusto del consumidor, protagonistas sin rostro que solo logramos identificar cuando van equipados con sus dignísimos uniformes profesionales, pero que tres horas después, si nos saludan por la calle cubiertos con sus mejores galas, nos preguntamos: "Su cara me suena de algo pero quién será ese personaje". Los seres a quienes les está vetado pensar, solo interesa en ellos su productividad laboral, eso sí, mientras permanecen lo más calladitos posible, sin molestar. Su opinión es tan válida e importante dentro de su lugar en el entramado profesional, como el agua que corre del inodoro tras tirar de la cadena… más específicamente aún, su opinión es lo que el agua cristalina arrastra lejos de la vista, hacia el mar de la indiferencia.

En un principio aguanté estoicamente mi primer empleo: un niño, con pocas horas de sueño y bastantes de trabajo. Suficientes desarreglos horarios como para dormirse andando, pero era mi decisión y debía afrontarla. Más tarde, el fantasma de la educación inculcado de modo implacable por mis propios padres, se unió a la realidad de tener cada vez más cerca el deber de cumplir un objetivo prioritario, y al remordimiento de conciencia por mi forma de tirar la vida por la borda de un barco fantasma y a la deriva. Hice cuentas y me salía redondo el negocio. Con todo lo ganado durante aquellos meses de pesadilla, podía tener acceso a una de mis grandes pasiones: las motocicletas. Saqué horas no sé de dónde y me preparé los exámenes para conseguir el carnet de conducir motos pequeñas, a la vez que buscaba el modelo que llevaba tiempo deseando y pudiera además pagar, comprándola de segunda mano. Después de este logro retomaría mis estudios. Planes cumplidos y a empezar de nuevo.

Si alguna vez la vida me concedió una segunda oportunidad, una forma de enmendar todos mis errores, o al menos parte de ellos, fue la mirada de aquellos apacibles ojos verdes tras unas lentillas, en la tranquilidad de la tarde, en el rincón del pasillo de un instituto diferente y alejado del que fue testigo de la gestación de mi fracaso vital. A ella le compuse mi primera poesía, aquel arte junto a la música por el que abandoné mis estudios. Inútil de mí, cómo afrontar una carrera profesional dedicada a la destreza de la composición poética sin poseer estudios.

Si algo define a la forma verbal que se ha erigido mi modo de vida, es esa capacidad para elegir los caminos erróneos, para tomar las decisiones equivocadas que me llevarán inexorablemente hacia el si hubiera hecho, si hubiera sabido, si hubiera pensado… Desperdicié mi última oportunidad. Cuando miro hacia mi pasado aún no sé el motivo. Cuando miro hacia delante puedo entenderlo sin problemas: mi pluscuamperfecto destino siempre al acecho desde mis primeras decisiones. Nunca nos besamos. Dejé perder esa mi última oportunidad de retomar mis estudios y vivir una vida normal y bonita, al menos estable y dichosa dentro de los límites de la fraternidad vital. Los versos eran los adecuados, las notas armoniosas. Mi guitarra estaba desafinada. Escogí a la persona inadecuada y fui arrastrado hacia el torcido camino del poseer dinero en efectivo y rápido para realizar mis estúpidos sueños, estúpidos en la forma no en el hecho, me dejé llevar por la costumbre ya saboreada por un sistema nervioso inmaduro, por la incapacidad de tener visión a largo plazo. Tal y como continuó mi vida desde entonces, para aquella bonita y extraordinaria persona con sus dulces ojos verdes fue una suerte no volver a verme, probablemente la hubiera roto con cariño, sin pretenderlo, sin maldad ninguna, pero se hubiera deshecho entre mis bastas manos de inepto ser predestinado a errar. Ahora no sería nada más que polvo entre el árido y desértico paisaje que parezco destinado a habitar y sobre el que no tengo ningún control, pedazos de una vasija de precio incalculable convirtiéndose por mis estúpidos designios, en más arena para formar nuevos caminos que deben ser andados y pisoteados. Otro ser perdido en el medio de una perpetua sinrazón.

32

Las circunstancias que irán dando forma y consistencia a todo cerebro en desarrollo, dejarán inevitablemente en él una huella en mayor o menor medida profunda y evidente, pero siempre importante. Cualquier causa social que influya de manera directa o encubierta sobre una mente en crecimiento, dejará su impronta. Del mismo modo, cualquier problema fisiológico, ya sea este de origen genético comprobable o no; bien sea producido por lesión adquirida, no pasará del todo desapercibido en la creación paulatina de nuestro carácter personal, dejándolo más o menos fuera de lo establecido como normal. Todos los seres humanos andaremos en definitiva, arriba o abajo dentro de ese continuo imaginario que es la enfermedad mental, es decir: la vida normal y corriente percibida de una u otra manera, más o menos aceptable por la sociedad concreta en la que vivamos. Hasta aquí, cada individuo se defenderá como mejor pueda en su concreto devenir vital, gracias a las herramientas psicológicas que le hayan tocado en suerte.

La pregunta es: ¿Qué ocurre cuando cualquiera de estos seres, sea su condición mental la que sea, decide dedicarse laboralmente a la docencia? Al margen de la educación y preparación que cada cual reciba en la universidad de turno, ¿cómo se enfrentará en el día a día a una clase llena de heterogéneos alumnos variados en todos los aspectos posibles? No hablamos aquí de sus mejores o peores cualidades como profesional, ya que por supuesto debemos partir de la seguridad en el hecho de que quien eligió dedicarse a la enseñanza, lo hizo por amor a ello, no por tener un trabajo fijo, con muchas vacaciones y bien pagado. Damos por seguro, que al margen de sus mejores o peores resultados, el docente siempre da lo mejor de sí mismo en la práctica de su profesión. El tema que nos ocupa es más profundo y complicado: El educador, como ser social y físico con todas las opciones de equilibrio mental digamos que estable al igual que cualquier otro ser humano, ¿cómo afrontará las situaciones de su profesión en base a los posibles problemas psicológicos que como el resto de mortales, él también está destinado a poseer? Todo estado o conducta que no sea socialmente erróneo, tendemos a aceptarlo como normal, como un simple resultado del carácter personal, sin querer admitir, tal vez por miedo a reconocer que habitamos un mundo en equilibrio regido por unas normas desequilibradas, que hasta el más mínimo defecto de carácter por llamarlo de alguna manera, puede conducir a errores de fatales consecuencias para los alumnos, caso que nos ocupa. Bien, errar es de humanos, de acuerdo, pero pese a los inevitables errores, ¿están nuestros pedagogos preparados para reconocerlos?, y más aún, ¿poseen las herramientas para enmendar esos fallos que con toda seguridad ostentan? Sus personas están expuestas a todas las situaciones vitales como el que más, pero de la misma manera que un neurocirujano no puede dejarse llevar por sus pasiones y sentimientos mientras realiza una delicada operación: ¿Puede dejarse llevar por ellas un profesor, que lleva a cabo la importante labor de ayudar a esculpir la materia nerviosa en crecimiento que forma el cerebro de un adolescente?

El apoyo que pude hallar desde el personal empleado en mi instituto, a la hora de impedir que pasara a engrosar las estadísticas del fracaso escolar en mi país, fue nulo. Nada, ni un solo intento de impedirlo. De hecho, no recuerdo ni el más mínimo esfuerzo por tratar de convencerme de la opción contraria, por explicarme qué era lo que iba a encontrar tras las paredes del centro al salir al encuentro del mundo laboral. Puedo ir más lejos todavía, la expresión de desconcierto en el rostro de mi profesor de educación física, fue lo más cercano a un "estás cometiendo un error fatal" que pude encontrar. A los maestros a los que comuniqué personalmente mis intenciones, les importó tanto como la caída de una hoja en otoño. Nada. Yo era una hoja seca y molesta más. Estaban demasiado ocupados en ellos mismos, en sus egos apoltronados y marchitos, en sus propias esperanzas y degradaciones, en los alumnos menos problemáticos a la hora de ser educados sin plantear trabajo extra a sus personas, y en otras muchas cosas que por respeto a los millones de buenos educadores que existen en el mundo, y tuve también la grata oportunidad de conocer, por no caer en lo soez y en las bajezas de alma a las que el ser humano puede llegar, omitiré.

No debo renunciar a recalcar un hecho demasiado importante para ser dejado de lado, dando toda la responsabilidad del mal modo de enseñar algo más que una materia pedagógica al profesorado. El sistema educativo establecido era una soberana basura. Nos llegábamos a apiñar hasta cuarenta y siete personas en aulas preparadas para unos veinticinco alumnos, y ello solo respecto al espacio vital. El personal docente lo tenía muy difícil a la hora de hacerse oír físicamente, y no digamos entender educativamente. Lo mal establecido que estaba y sigue estando el sistema es materia para otros muchos libros especializados en el tema, que no es el caso, por lo que baste decir aquí que simplemente había que tener muchas ganas de implicarse en su labor para poder ser un buen profesor, pero de hecho los había, por lo tanto, no era una misión imposible de lograr. Tal vez eran personas con una dotación de cualidades educativas superior a la media, todo es posible no lo niego, pero eran los menos. Luchaban contra una sistema creado, dirigido y coordinado por tal sarta de memos vegetando sobre sus cómodos y sencillos papeles laborales, que su primordial misión era más que imposible, irrealizable, una simple gota de aceite a la que pretender subirte para poder flotar en medio de un océano de incomprensión, pasotismo, y llegados al punto, puro y simple despotismo ilustrado.

Insisto, falló el sistema educativo, lo hizo también el personal empleado en él, esa gente a la que confiamos el perfecto engrase de nuestros hijos, para que puedan girar ocupando sus puestos dentro de las ruedecillas dentadas que dan movimiento y flexibilidad a los más diminutos entresijos de nuestras sociedades. Fallé yo mismo al caer en los terribles e irreparables errores que mi mente imperfecta y a medio construir no pudo prever, pero, qué labor puede ser la que debemos exigir a un educador si no es la de educar. Tal vez debiéramos insistir en el hecho de que los docentes son personas, aprender una materia para más tarde enseñarla a sus alumnos puede no ser el modo adecuado de formar a nuestros maestros. Estos no solo van a enfrentarse a un montón de orejas atentas, deben ser conscientes de que se hallarán también cara a cara con un enorme conjunto de conexiones neuronales en pleno proceso de formación y desarrollo, con un sinfín de pequeños seres humanos que claman por algo más que conocimientos en una materia determinada para ser más tarde evaluados. Somos seres sociales, seres regidos por normas aprendidas y establecidas por el paso de millones de generaciones. Todo animal, sea homínido o no, necesita recibir de sus mayores las herramientas para su supervivencia al completo. El paso por la educación formal, debe ser mucho más que una obligación para los alumnos y una forma de ganar un sueldo para los profesores. De acuerdo, los docentes son humanos, todos erramos, pero en nuestras manos puede estar el modo de conseguir que estos errores se minimicen al máximo, que nunca falte lubricante entre los engranajes que mantienen el equilibrio educativo. Los alumnos no son solamente unos receptores pasivos, son seres humanos adultos en potencia. Tratémoslos como tal, comprendamos su estructura psicológica y comportamental si realmente queremos dedicarnos a la enseñanza, si realmente nos importa cuál va a ser el futuro de todos esos desconocidos que gracias al entramado social, se convertirán con el tiempo en los hijos que con sus empleos, cuidarán de todos los demás cuando la senectud nos impida valernos por nosotros mismos. Invertir en ellos es invertir en el futuro de todo el equilibrio social creado tras miles de años de evolución. Dejarles de lado, es dejar de lado el futuro de toda la especie humana.

33

La quemadura que me produjo el cigarro, al llegar su encendida punta a la altura de los dedos, me despertó. Un enorme arcón destinado a almacenar congelados, se había convertido en una improvisada cama sin pretenderlo. Realmente no recordaba haberme sentado en él. La campanita del horno me puso en movimiento. Había dejado una hornada de pan cociéndose en su interior mientras me fumaba un pitillo, y el sueño me había encontrado sin problemas. Apenas había terminado de sacar los últimos panes cuando sonó el teléfono de la tienda. Un teléfono a las dos de la madrugada solo puede traer malos presagios y cierto nerviosismo a quien lo va a descolgar, pero en mi caso, me encaminé hacia él alegremente. Sin tener tiempo a responder me llegó una voz somnolienta y divertida desde el otro lado de la línea: "¿Qué pasa capullo?" Mi buen amigo y compañero de fatigas nocturnas me llamaba desde otra de las tiendas. Trabajábamos para la misma persona y teníamos la costumbre de avisarnos al llegar a nuestro puesto de trabajo, para asegurarnos de que el otro no se había dormido. Dentro de este ritual entraban el saludo de buenos y nocturnos días, así como compartir vía telefónica el carajillo y el cigarro del desayuno. Las cafeteras de ambas tiendas habían sido puestas en marcha nada más llegar, y tras calentar el horno y llenarlo con los primeros manjares que comprarían los más madrugadores clientes, llegaba el momento de nuestra charla en la distancia, ayudada por el entramado telefónico. Normalmente esta se alargaba hasta que algo amenazaba con quemarse, o las tripas de uno de los dos comenzaban a demandar una visita al cuarto de baño por la combinación café/cigarro, momento en el que nos despedíamos hasta más tarde.

Como esta vez la amenaza de un inminente y oscuro desastre había llegado desde el lado de mi amigo, volví a llenar el fogón con una segunda hornada, esta vez de bollería previamente preparada al efecto, y como tenía la situación controlada y el estómago caliente por el café y el licor, decidí salir a tomar el aire a la calle de la ciudad totalmente dormida. Me apoyé en mi nueva moto comprada hacía poco y encendí un cigarrillo. La noche era fresca pero agradable. El único ser vivo que parecía disfrutar del momento aparte de mí, era un viejo gato callejero en busca de alimento o algún ligue despistado. Una patrulla de policía pasó frente la tienda sin prestarme atención. Pese a la luz de las farolas, aún era posible distinguir alguna pálida estrella luchando por hacerse ver en aquel paraje urbano y contaminado lumínicamente. ¿Dónde se habrían metido todas aquellas estrellas que poblaban las noches de mi no muy lejana infancia?

Solíamos trabajar unas doce horas diarias de lunes a sábado. Bueno, los sábados podía alcanzarse la cifra astronómica de las catorce horas de jornada laboral. El sueldo era una miseria, te daba para una moto mediana de segunda mano y para las juergas de los escasos ratos libres, y todo gracias a ser todavía muy jóvenes y vivir con nuestras familias, las cuales no nos pedían aportación económica alguna.

El día que maldormías unas tres horas seguidas era una bendición llovida del cielo. También tenía cosas buenas: un buen ambiente entre compañeros y la posibilidad de poder comer todo lo que quisieras. Solía almorzar unas tres veces, pero solo una sentado y descansando un poco. Nuestro jefe, había conseguido sacar de nosotros esa sensación de equipo, de gente que trabaja junta y logra que las cosas funcionen a la perfección. En aquella época, llegué a creer que mi opinión servía de algo, llegué a sentirme alguien formando parte de algo. No se manejaba mal del todo nuestro maestro de ceremonias, la verdad. Sabía convencernos para quedarnos una hora más, sin cobrarla por supuesto, todo en pro del equipo. Éramos uno. Podía llegar por la mañana despotricando por cualquier cosa relacionada con el trabajo, y acto seguido mirarte muy serio y decir: "Venga deja eso que te invito a almorzar en el bar de enfrente". Si objetabas que tenías algo en el horno y podía quemarse, su respuesta siempre era la misma: "No te preocupes que ya se arreglan las chicas. Venga vamos". Las chicas eran mis compañeras de trabajo que habían comenzado su jornada como vendedoras hacía poco rato, y que también eran parte de nuestro equipo perfecto.

Aquella fue mi primera decepción, pero no sería la última ni la peor. Tal vez sí la que más me hirió por ser la primera. Era demasiado joven para saberlo, pero la vida laboral no suele darte en compensación ni la más mínima parte de lo que le entregas. Yo confiaba en mi jefe, él confiaba en mí, pero la confianza terminaba donde empezaba su vida, la mía no tenía un valor equivalente. Tal vez él también tenía problemas serios. La distancia y los años me han llevado a perdonar aquella decepción: la primera de muchas eso sí, pero después ya estaba preparado para afrontarlas. Después ya lo podía entender, ya lo sabía. En el fondo era un buen chico, pero la fiesta sin límites y dirigir un negocio son incompatibles. Todo lo bueno que pudiera tener nuestro jefe supremo lo perdía por la nariz a modo de polvillo blanco. Cosas de la vida, tampoco en esto fue el peor jefe que he conocido, no obstante, todo ser vivo tiene un límite y todas las cosas son finitas por bien que funcionen si no saben administrarse. Mi amigo y yo, fuimos testigos directos del ascenso y caída de un gran imperio que podría haber facturado mucho durante un tiempo indefinido. Supongo, ahora en la distancia, que también mi jefe era un ser extraviado en el giro constante de las páginas del destino.

Aquí, bajo las paliduchas y moribundas estrellas de la ciudad, el ciclo ya se acercaba a su fin. Todo se desmoronaba. También mi paciencia y esperanzas. Mirando el cruce de calles, el parpadeo anaranjado del semáforo y las luces traseras de un coche solitario al alejarse, un pensamiento vino a buscarme: "Algún día pasaré andando por este mismo cruce, miraré hacia esta esquina y este mismo negocio si todavía existe, y pensaré… una vez trabajé interminables horas allí". Muchas veces he pasado y ese recuerdo siempre ha venido a mi mente. Allí dejé muchas horas de sueño y esfuerzo, pero también comencé a aprender cuan inservibles somos, cuan efímero es todo. Cuántos errores me quedaban aún por cometer y qué incapaz fui entonces de comprenderlo. El tiempo ya comenzaba a escurrirse en mi contra, pero no había llegado a ese punto de inflexión en el que ya es imposible el retorno. Si lo hubiese sabido entonces...

34

Su cara de vinagre dejaba en evidencia al menos un par de cosas: se había educado con una clara carestía de luz solar y en un ambiente social y familiar demasiado estricto. Incapaz de admitir que pudiera haber obtenido la mejor calificación de mi clase en la prueba de nivel, arrancó de las manos de mi amable profesora las hojas del examen. Con semblante severo y el ceño fruncido revisó cada apartado de la dichosa prueba, analizando hasta la última coma para descubrir, con el consecuente reconocimiento de su equivocación, que la calificación otorgada al examen por mi profesora era correcta. Muy digna y sin poder disimular la humillación que enrojecía su cara, dio media vuelta y salió del aula murmurando algo entre dientes que nadie pudo entender.

Reconozco que mi aspecto algo descuidado por llamarlo de alguna forma, y mi pelo bastante largo por definir mi melena al viento de algún modo, no me predisponían a aparentar ser digno de la mayor confianza y una persona aplicada en mis estudios, pero al margen de ello, ya he comentado que sí lo era, al menos cuando me lo proponía. La verdad es que a mi aspecto tal vez pasado de moda, había que sumar mis ojos enrojecidos por la falta de sueño, y haberme despertado bastante después de la hora normal de la comida debido a mi trabajo medio nocturno. El caso es que todo junto podría hacer pensar que me presentaba a las clases vespertinas de ese idioma impuesto como el internacional, más fumado que un colgado pasado de rosca pero, pese a que fumar y beber iba a ser con toda seguridad el final de mi tarde, no iba a comenzar la cosa antes de asistir a clase, no me habría podido concentrar. Solo trataba de seguir aprendiendo, de no ser un cero a la izquierda. ¿Tan difícil era de comprender?

Nunca parecí gustarle mucho a la dueña de aquella academia rural, de hecho parecía desconfiar hasta de que fuera a pagarle. Por aquellos tiempos continuaba siendo hornero de pacotilla, pero coincidió mi matriculación con unas semanas de prueba en las que por supuesto, trabajaba sin haber firmado un contrato, cosas de esas "semanas de prueba" que tanto gustan en ofrecer algunas dignísimas empresas bien inscritas en los necesarios registros mercantiles. Fuera como fuere, no podía mostrarle evidencia física y por escrito de que tenía recursos suficientes para abonar sus roñosas clasecillas, por lo que no le gustó la idea de aceptarme. No comprendo todavía qué se le podía pasar por la cabeza a aquella berzotas de otra galaxia. ¿Acaso no me había dirigido yo a formalizar mi matrícula sabiendo de ante mano que si me quedaba sin empleo mis padres se harían cargo de pagar las mensualidades? Tal vez pensó que vivía bajo un puente. Qué nivel de oblicuidad, si apenas tenía dieciocho años. Ni había roto un plato en mi vida, ni aún hoy se me ha pasado por la cabeza hacerlo, insisto de nuevo. Yo solo necesitaba seguir intentándolo. Trataba únicamente de ser alguien.

Las jornadas laborales se alargaron cada vez más, nuestro conjunto musical requería un alto nivel de dedicación, las cosas que nos fumábamos se iban llevando también gran parte de la motivación, y las caras largas de la flor seca que dirigía la academia de idiomas se repetían hasta la saciedad. La realidad es que terminé por dejar las clases, era muy joven, había tiempo para todo y era una cuestión de prioridades. Ya trataría de entrar en la Escuela Oficial de Idiomas en el curso siguiente, como en efecto hice pero sin éxito por falta de plazas. Cosas de los idiomas muy demandados. El círculo del dinero en el bolsillo y de los sueños venideros se iba cerrando. Incapaz de comprender el lio en el que me estaba metiendo, me dejé arrastrar por la tormenta de las vidas jóvenes: vivir el presente. Pero el futuro llega aunque no lo creas. Me embargó una especie de pesadilla densa y rutinaria en la que todas las quimeras y ambiciones se planeaban a la perfección, analizando cada detalle al milímetro y teniendo muy claro cuál era el camino que tu determinación te había llevado a elegir. Solamente topaba con un mismo problema una y otra vez: Las cosas se planeaban pero su ejecución se dejaba para algo más adelante. Mi gran tiempo y modo verbal comenzaba a forjarse en las tinieblas de mi juventud.

35

La banda andaba viento en popa. El día que no fallaba uno al ensayo lo hacía otro. Por otro lado mi evolución laboral me había llevado, como comenté, a llegar al local en estado entre ebrio y comatoso un día sí y otro también. Llegaban días de gloria para ese grupo menguante y sin nombre establecido pese al paso de los años. Si se pueden encontrar romances amorosos calificables de flor de un día, nuestro idilio musical se podría definir como flor de un par de días.

Tuvimos dos grandes momentos, vamos, dos únicos conciertos frente a un público real. No podríamos definir ninguno como un éxito rotundo, tal vez ni como fracaso, más bien como mera anécdota que no dejó señal alguna. La primera ocasión fue bastante amena y aún nos encontrábamos la banda al completo. La cosa no concurrió de modo muy estresante debido a que en cierto modo, fue un poco como una especie de prolongación de los ensayos que llevábamos a cabo en el local que el Ayuntamiento cedía a jóvenes talentos emprendedores como nosotros. Por aquel entonces, un buen amigo que además formaba parte del grupo, para más señas mi compañero de fatigas nocturnas, vivía con su novia en un ático en la ciudad. Llegado el día de su cumpleaños, creímos oportuno que aprovechando la fiesta que iba a organizar para celebrar también su llegada a la nueva casa, podríamos dar nuestro primer concierto en la terraza del mencionado ático. Era un lugar espacioso y soleado bajo una templada tarde de finales de otoño. Se juntó allí un no muy numeroso grupo de amigos, familiares y amigos de amigos, y entre bebidas y comidas variadas montamos nuestros bártulos musicales dispuestos a dar por fin salida a nuestro arte. Ese era por supuesto, el inicio de una larga y exitosa carrera, no pretendíamos hacernos ricos y famosos a lo bestia, nuestra meta era más modesta, algo así como un trabajo del que poder vivir al tiempo que nos divertíamos haciendo lo que más nos gustaba. Apenas habíamos comenzado a afinar nuestros instrumentos y empezado a probar el sonido, cuando algunas cabezas hicieron aparición, asomándose por las ventanas de los pisos adyacentes. Al percatarnos de la situación, comprendí con cierto pánico escénico, que nos encontrábamos en un edificio de cuatro alturas, rodeados por otros que excedían en mucho ese tamaño. Esto nos colocaba en el centro de una especie de teatro, cuya parte abierta daba al extenso aparcamiento del principal hospital de la ciudad. La cosa comenzaba a complicarse. De cualquier manera, supongo que envalentonados por estar en casa propia, nos lanzamos a toda máquina hacia nuestro debut, comenzando con una versión de un cásico atemporal, y dicho sea de paso, una gran obra maestra, pieza clave de la música contemporánea. Al aire libre aquello sonaba muy bien. Nuestra carrera había nacido. Ya nada nos detendría. A medida que el concierto avanzaba a las mil maravillas, cada vez más y más personas iban saliendo a los balcones y ventanas de todos los pisos que nos rodeaban. No sé si creerían que éramos alguien importante, si se trataría de alguna promoción, o más probablemente no éramos más que cuatro desgraciados haciendo ruido. A decir verdad, la cosa se fue animando y pronto llegaron los aplausos desde las ventanas. Poco después llegó también una llamada telefónica desde el hospital cercano: Una amiga que trabajaba de enfermera en él, nos avisaba de que pretendían llamar a la policía. Pese a que a muchos pacientes les parecía bien aquella distracción gratuita, había quien no estaba tan de acuerdo con este hecho. Nuestra amiga al enterarse, trataba de evitar el aviso a las autoridades asegurando que nos conocía y que iba a llamar para que detuviésemos la actuación, el problema fue que la misma música no nos permitía oír el ring del teléfono sonando como un loco. No fue hasta que llegamos a una paradita para refrescar nuestros gaznates que lo pudimos escuchar. Por suerte, aún estábamos a tiempo de evitar el problema. El hospital se apiadó de nosotros, y concluyó entre aplausos de relativo éxito aquella primera actuación frente a un público que no estaba compuesto únicamente por los amigos y conocidos de siempre.

La tarde de nuestra segunda actuación ya solo quedábamos tres, por lo que nos lanzamos al estrellato sin batería. El devenir laboral de un buen amigo le había llevado a aprender el oficio de orfebre, y aunque tal vez no esté bien que sea yo quien lo diga, se le daba muy bien, las cosas como son. Las eternas piraterías de sus diferentes contratantes, le llevaban a la escasez de dinero y de firma de contratos, no así de trabajo, por lo anteriormente mencionado sobre la facilidad que tienen muchos, para retener meses varios en periodo de prueba a su personal, sin firmar convención legal alguna. Lo que hacía mi amigo para tratar de ir tirando, era fabricar por libre modelos propios de diferentes joyas en plata, y venderlas con mayor o menor fortuna por diferentes mercadillos en plan tenderete. Se formaba todos los años en la ciudad, una especie de feria de productos varios y alternativos al comercio global al uso en nuestros días. Esta se realizaba en un enorme y céntrico jardín, arropados por la sombra de los árboles y alejados del tráfico. Nos gustaba pasar junto a nuestro amigo las tardes en aquella feria festiva, consumiendo todo lo que por allí se podía consumir: vinos y cervezas ecológicas, comidas de otros países, sustancias más o menos legales de todo tipo, en fin, toda experiencia nueva era bien recibida por nuestro grupo. Recuerdo que uno de aquellos años, debido a la cantidad de gente que andaba paseando entre los variopintos puestos, la lejanía de los bares y la falta o saturación de los servicios públicos, me lleve de recuerdo debido a la cantidad de tiempo que pasaba entre micción y micción, una bonita infección de orina que creí me llevaría a la tumba. Aquella fue una de mis peores enfermedades de juventud, la fiebre era tan intensa que alcancé el delirio sin tener que pagar nada por ello. Penas aparte, haciendo compañía a nuestro amigo, le permitíamos tiempo para poder ir a comer o relajarse un poco dando un paseo. En esos momentos, nos quedábamos a cargo del puesto. En una ocasión, acompañado por otro de mis grandes amigos de aventuras y desventuras, realizamos una buena venta mientras el orfebre descansaba un poco y se aireaba, o luchaba por poder alcanzar un servicio donde vaciar la vejiga. Tras un rato de estar allí plantados tratando de vender alguna cosa, y siendo nuestras dotes comerciales más bien nulas, yo por vergüenza, no así mi compañero que no sabía muy bien qué era aquello, tuvimos una genial idea para poder dar la alegría a nuestro platero de haber hecho una venta en su ausencia. Habiéndose acercado dos chicas de aspecto agradable, simpáticas y al parecer bastante interesadas en los productos expuestos, pero que parecían dudar en la compra, decidimos hacer una oferta especial. Regalábamos cigarrito de cannabis por la compra de cualquier producto. Insisto, las chicas eran realmente cordiales y predispuestas a divertirse gracias a dos panolis como nosotros. Aceptaron, escogieron los anillos que más les gustaban, uno para cada una, nos pidieron que les diéramos el pitillo liado ya que ellas no sabían hacerlo, y con sus bonitas sonrisas nos sacaron además un pequeño descuento en el precio, por lo que se fueron tan contentas. Nosotros, esperamos orgullosos la vuelta de nuestro amigo, para darle la buena noticia respecto al enorme volumen de negocio alcanzado diestramente durante su ausencia. Tras su llegada, y explicadas las buenas noticias, nos fuimos a tomar algo de bebida ecológica que servían por allí, y a comprar apio en una verdulería cercana.

Como en aquella exposición tenían cabida todo tipo de eventos, pedimos permiso para hacer una pequeña actuación, el cual fue concedido sin problemas. Allí estábamos, ayudados por el viejo coche de una amiga, empaquetamos nuestros amplificadores y demás utensilios musicales, y nos dispusimos a proclamar a los cuatro puntos cardinales nuestro afán artístico. Solo había un pequeño problema con el que no contaba: la gente. Esta vez no se trataba de un grupo reducido de amigos o vecinos en sus alejadas terrazas, aquello era el centro de la ciudad en plena feria para todos los públicos. La actuación fue un desastre al menos por mi parte. Soy persona nerviosa ya en mi estado natural, por lo que el miedo escénico me paralizó de tal modo, que era incapaz de tocar con soltura. Los dedos se me agarrotaban y las letras se escapaban de mi mente como si no las hubiera cantado mil veces en los ensayos. Con el sonido mal ajustado y mi entrepierna en la garganta, me fue imposible dar pie con bola por más que trataba de relajarme. Fijé mi vista en un padre joven que con su niña pequeñita en brazos, nos miraban y bailaban alegres, y aquella visión tan dulce me ayudó a salir del paso en aquel tremendo trance.

Las circunstancias no quisieron que volviéramos a actuar de nuevo. Los cambios vitales dejaron posteriormente la banda convertida en dúo, para luego, más adelante llevarme a mí mismo lejos también de la música. Por cierto, debo hacer hincapié en un tema si no interesante, al menos curioso: Aunque se barajaron una y otra vez variados y diferentes nombres, nuestra banda musical nunca tuvo uno oficialmente, aún hoy no sé si aquello pretendió ser una especie de premonición encubierta, o una jugarreta del destino que nos mandaba una sutil señal de aviso.

36

Aquella vieja canción sonaba desde el hilo musical de una cafetería. Pronto transportó mi mente hacia los recuerdos de la juventud musical. Qué tiempos más agradables vistos en la distancia. Qué lástima que todo pase y sea arrastrado por los desérticos vientos de los años, perdido en los enredos del pasado que jamás regresa, como perdida estaba la flor anaranjada de mi amor entre el devenir de las almas que formamos el mundo. Sin otra cosa que hacer, me orienté hacia ese sonido de antaño con el que tanto nos gustaba comenzar los ensayos y los escasos directos. El vuelo seguía retrasado, ya iba a ser imposible hacer nada cuando llegara a mi destino sino dirigirme al hotel: dormir, descansar y olvidar. Mis obligaciones laborales deberían retrasarse un día. Bueno, era fuerza mayor. Cuando pasas tanto tiempo desfilando como invisible alma en pena a través de cientos de aeropuertos, te acabas acostumbrando a los retrasos y a los horarios incumplidos. Ya sueles salir de tu lugar de origen con un margen de tiempo suficiente para suplir estos defectos, por lo que no tendría consecuencias importantes en mi nuevo empleo. Avisé por mensaje electrónico al responsable de mi actual empresa contratante y como no, me respondió dándome las instrucciones necesarias, como si un agradable mono mínimamente amaestrado por condicionamiento clásico, no fuera capaz de seguir las pautas repetidas hasta el infinito en las que se basan los empleos de mecanismos bien aceitados y acordes repetidos hasta la hartura. Ahora que recuerdo, si este era el de mi vida... Tal vez ya estaba empezando a dejar de serlo. Aunque ya no era hombre de ahogar la desilusión en líquidos que no conducen a otro fondeadero que no sea el que genera mayor desencanto, un día era un día. Continué mi camino hacia esa cafetería que me llamaba con la banda sonora de antaño. Estaba dispuesto con total determinación a realizar una cena temprana sin escatimar en gastos y sin permitirme pasar sed.

Escogí una mesa lo suficientemente cercana a la puerta, como para poder echar una mirada hacia el exterior lo más amplia posible de vez en cuando. Las cristaleras que separaban el local del atestado y vasto pasillo externo, me ayudaban a jugar con ventaja contra mi sofocante destino. La decepción producida en mi búsqueda fallida tal vez hubiera bajado mi nivel de esperanza a la hora de encontrarla, pero de ahí a rendirme existía un trecho muy grande, más aún a causa de mi carácter tenaz e insistente.

Opté esta vez por comer los alimentos de mi lugar de paso, bien regado con un vino también de la tierra. Visto todo el alimento encima de la diminuta mesita circular, como no podía ser de otra forma, me recordó a los tremendos almuerzos que realizábamos en los bares de turno el grupo de compañeros de trabajo. Tras abandonar definitivamente mis labores nocturnas y abrasadoras, me lancé de lleno a la realización de labores agrícolas, de las que tenía cierta experiencia juvenil que resultó orientativa. Mentiría si no reconociera que esta época de mi vida se convirtió en una de las más amenas, y ahora, evocándola con la copa de vino entre mis manos, envuelto en el aroma de una comida con bastante buena pinta pese a ser de aeropuerto, vislumbré en mi interior que muchas veces hace falta bajar al infierno para poder comprender, para poder descubrir las evidencias que tan claramente pasan frente a nosotros sin ser percibidas. Siempre es posible obtener algún beneficio hasta de las situaciones más extravagantes.

37

Supongo que todo ser vivo merece una segunda oportunidad. Si yo desperdicié la mía una tarde en un pasillo de instituto, de alguna forma parece que fui perdonado. El destino me brindó en las horas más bajas de mis años de juventud, y probablemente de lo que será mi vida al completo, una tercera forma de abrir los ojos, un tercer empujón para lograr que me pusiera de nuevo en movimiento. Todo quedaría atrás, las quejas sin lucha no llevaban a ninguna parte. Debía por fin ponerme en marcha y jugar todas las opciones que la existencia diaria me entregase, fuera cual fuese su valor. Esta nueva perspectiva, se presentó como una heroína, un hada madrina que hizo su aparición para rescatarme del círculo formado por los continuos abusos con el alcohol, y la total falta de motivación producida por el cannabis. Como dije anteriormente, los sueños se planeaban al modo de algo quimérico que algún día llegaría como por arte de magia. La vida no era más que un juego que te daría las cartas adecuadas para ser lanzadas en el momento más conveniente de la partida. Ese momento había llegado. Aquella heroína me encontró una mañana en pleno trabajo, escondido bajo las ramas de un árbol frutal junto a mi compañero de recolección. Vino en la misma forma de polvo marrón que constituía los caballones rojizos que seguían los árboles. Como la línea que les marcaba el camino a continuar en su eterno arraigo al suelo. El mismo camino que a ellos les esclavizaba a la tierra, a mí me dio alas para volar hacia el cielo. Aquel polvoriento sendero recto, del mismo tono claro que posee el desierto pedregoso, vino hacia mí para ayudarme a encontrar la forma adecuada de salir, de romper el círculo que me encerraba y esclavizaba a la mustia tierra en la que nací. Llegó en forma de arenoso trazo para transportarme hacia la tranquilidad serena de aquellos mismos desiertos en los que la vida humana que hoy conocemos vio por vez primera la luz del día. Era un polvo que se agarraba a nosotros y nos envolvía mientras luchábamos un día tras otro bajo las ramas de los árboles frutales. Nos llenaba por dentro y por fuera, nuestros cuerpos se iban impregnando de él como leve harina que te embadurnaba desde los pies a la cabeza, lentamente, hasta dejarte de su mismo color y consistencia básica. Muy pronto, aquella polvareda desértica fue dándome la energía suficiente al tiempo que se mezclaba con mi sangre. Fue llegando a formar parte de mí, ofreciéndome al fin las normas de esperanza necesitadas por mis viejos sueños rotos para poder alzar el vuelo hacia un mundo de realidades, lejos del oscuro abismo sin fondo en el que había caído, el cual me impedía actuar. Lejos, hacia el paraíso metacelestial de los planes llevados a cabo… de la realidad en su estado puro, del puedo, quiero y debo intentarlo. La verdadera lucha por la supervivencia había dado comienzo al fin.

Dentro de la furgoneta de un amigo y sin más testigos que las estrellas una vez más, ese pedacito de terreno despoblado y baldío, se mezclaba con nuestras existencias al completo, llevándose curiosamente muy lejos el continuo cansancio físico y moral, las bebidas consumidas durante el día, las partículas fumadas y junto a ellas, todos esos sueños postergados para un futuro incierto. Por fin era realmente consciente de que o actuaba de inmediato, o nada de lo imaginado llegaría por si solo como regalo del más allá. Mis endorfinas, extenuadas por el trabajo duro y la falta de esperanzas factibles, necesitaban una ayuda que se llevara de un golpe todos los años en que la disonancia cognitiva me había hecho creer que actuaba de la manera correcta, envolviendo en fingidas ilusiones la cruda realidad de mis grandes errores, adaptando estos a las necesidades de mi pensamiento racional. Se había destapado el burdo engaño producido por la forma natural de funcionar de una mente humana, todo había sido una mentira creada por mí mismo, para poder soportar el hecho evidente de que no estaba haciendo nada productivo por cambiar. Si no conseguía objetivos, pensaba que era simplemente porque no había llegado el momento. Mi pensamiento automático acoplaba las realidades a los distintos destinos a los que la vida me conducía, sin poder admitir que el único responsable en cuyas manos estaba el poder de cambiar mi propio sino era yo mismo. Mis ojos se habían abierto a una nueva realidad, dura, a todas luces peligrosa en sus formas, pero al fin podía ver, mi heroína había llegado para mostrarme el camino del refuerzo a largo plazo. La dejadez había tocado a su fin.

Lo que comenzó a gestarse en aquellas relajantes tardes de paz ilimitada, tuvo un extraordinario apoyo extra. La fábrica en la que había trabajado mi padre prácticamente su vida laboral al completo, iba a realizar por primera vez en muchos años, algunos contratos temporales en los que tendrían prioridad los hijos de los empleados más longevos, que para el caso eran la mayoría, pues el personal lejano a la jubilación escaseaba. Como peón sin cualificación no tenía nada que ofrecer, por lo que el trabajo a realizar era monótono y en medio de un ruido ensordecedor, pero había algo importante, era mi debut laboral en un empleo en el que se respetaban los horarios, se pagaban las horas extras y existían las pagas extraordinarias. No podía creerlo, tantos cambios positivos en tan poco tiempo me hicieron pensar que mi momento había llegado realmente, no podía ser otro simple revés casual del destino. El sueldo era mísero, pero el horario a tres turnos intensivos me permitía por vez primera en mis peripecias profesionales, disponer de tiempo libre para hacer planes sobre cómo debía retomar mis estudios. Mi heroína no solo llegó aparejada de este regalo, la cosa no podía ir mejor, tras dos meses de trabajo, me despidieron en el periodo vacacional, comprometiéndose a realizarme un contrato indefinido tras el verano. Aquello era demasiado. Debía de estar soñando bajo el cielo nocturno en una plácida y mágica furgoneta voladora. Había escuchado decir que existían ese tipo de contratos, pero jamás se me pasó por la cabeza que en algún momento pudieran las jugadas que los años realizan con nuestras desvalidas personalidades, reservar para mí una actuación semejante, interviniendo en una gran función, con un papel importante y frente a un público selecto dispuesto a llegar a la ovación final.

Mi decisión fue rápida, debía empezar poco a poco para no atragantarme. Mi situación laboral había mejorado, pero la vital aún andaba en vías de desarrollo. Tendría que quitarme lastre líquido de encima, y estaba dispuesto a hacerlo. La opción que encontré más adecuada fue comenzar volviendo a los idiomas. Esta vez no cometería el error de centrarme en ese idioma obligatorio y de difícil acceso a su enseñanza oficial por culpa de la altísima demanda. Iba a empezar a jugar bien mis cartas, me hallaba con fuerzas renovadas. Opté por escoger el idioma más raro que se impartía en la Escuela Oficial. Sentía por él una especial simpatía a causa de algunas amistades que había realizado a lo largo de mi acontecer laboral, con las cuales me llevaba muy bien. Nada iba a pararme. Mi momento había llegado por fin.

38

El sonido era aterrador. Los tapones en los oídos eran incapaces de nada más que alejarlo levemente. Me encontraba atrapado en el mísero bucle de siempre. Rodeado por los viejos compañeros de trabajo de mi padre, las jornadas se eternizaban. Mi uniforme azul de trabajo, se manchaba de grasa en la atronadora monotonía del paso de las horas. Ya había superado con éxito mi primer curso de aquel bonito idioma elegido. En la distancia me esperaban cuatro años más de estudio y un futuro incierto. Cuatro años más atrapado en aquella bestia de hierro y sonido en la que el tiempo parecía detenerse. Gracias a mi nueva cualidad de poder ver, algo que tan difícil me había resultado en el pasado, ahora era consciente de mi verdadera realidad. La voz de mis padres instándome a estudiar para no acabar como ellos venía a mi mente una y otra vez. Ellos no tuvieron la oportunidad de estudiar, y siempre recalcaron el hecho de que mis hermanos y yo lo hiciéramos para no terminar con malos empleos donde te cansabas mucho y ganabas poco, para que no termináramos como ellos mismos. Allí estaba yo, no había acabado del mismo modo, sino en idéntico sitio y aún peor, sin cualificación ninguna. Siempre sería un simple y olvidado peón: mi opinión sería tan valorada como el botón que apretaba una y otra vez, mi voz sería tan atendida como el atronador ruido que nos rodeaba, mis ideas o mis estudios valdrían tanto como el café aguado que expedía la máquina automática arrinconada en la oscuridad de la nave industrial.

Entre el estruendo iba repasando y practicando ejercicios que más tarde debía llevar preparados a clase. La verdad es que la mejor forma de aprender un idioma, y tal vez la única, es estudiarlo en su lugar de origen. La fábrica me oprimía, me hacía sentir fracasado no solo ante mí, peor todavía: ante mi padre que me observaba mientras trabajábamos en el mismo gran recinto oscuro y grasiento. Creo que de algún modo podía percibir sus sentimientos al verme allí metido. Tal vez solo fuera el estigma que es presentido por uno mismo, en la sensación de tener la seguridad de saber qué están opinando sobre su persona. Si el verdadero valor de ese estigma es el que nosotros mismos le otorgamos, escapaba a mi aguante psíquico. Fuera como fuere no podía soportar el hecho de que mi padre se hubiera convertido en testigo directo de mi total fracaso vital: el mismo agujero que él siempre quiso evitar para mí y sin posibilidad alguna de ascenso personal. Mi nueva mente ya no era esa que se autoengañaba en un mar de cognición disonante, tratando en vano de autoconsolarse para acoplar las circunstancias a las necesidades y maneras de actuar. Un nuevo plan de ataque comenzaba a tomar forma, insidiosamente se iba gestando en lo más hondo de mi alma atormentada. Cada día iba avanzando en mi interior con pasos lentos al principio, pero cada vez más firmes y bien estructurados.

39

El sonido iba aumentando en intensidad a la vez que parecía crecer la tensión interna del claustrofóbico receptáculo. Era como una vibración. Algo potente y sordo. Como una acumulación de nerviosismo, el cual estás seguro que hará explosión de un momento a otro. Tenía un nudo en el estómago y era incapaz de tragar saliva. De pronto, todo salió disparado hacia delante con una aceleración que ninguna de las motocicletas que había poseído hasta el momento, habría conseguido igualar. Pegado literalmente a mi asiento, veía pasar las cosas a una velocidad de pesadilla a través de la diminuta ventana. En unos segundos el mundo al completo se detuvo de golpe. Parecía estar suspendido en el viento. Como en esos sueños en los que vuelas como un pájaro. Como si nadaras en medio de un denso aire. Y en efecto estaba volando, la tierra se alejaba más y más allí abajo. En un principio solo pude distinguir las pistas y estructuras del aeropuerto. Cuando el avión comenzó su viraje hacia el mar, ya era capaz de vislumbrar los edificios que formaban mi conocida ciudad, las carreteras que la unían a los pueblos cercanos, mi propio pueblo disminuyendo lentamente en la aérea distancia, con algunas construcciones significativas que lo hacían fácilmente reconocible incluso desde esta altura. No sé si fue una conspiración de mi mente exaltada, pero casi podría jurar que era capaz de distinguir las estructuras que formaban las naves del complejo industrial en el que había estado trabajando más de un año, ese del que ahora huía para siempre. Era mi primer vuelo. Atrás quedaban la frustración de mi continuo razonar, el trabajo fijo que tanto había esperado conseguir algún día y mi familia y amigos. Delante, el mar libre y salvaje, un país desconocido y un nuevo intento de no perder el tren que ya había perdido sin aún saberlo. Me acomodé en mi asiento y me dispuse a no perderme ni un solo detalle de este mi primer desplazamiento como un pájaro en plena migración. No buscaba tierras más cálidas. Andaba al encuentro del calor en sí mismo.

40

Una lechuga. Una lechuga verde y enorme entre los brazos de un niño pequeño. Una muy importante responsabilidad otorgada por la madre al menor de sus hijos. Cuando los hermanos mayores y el padre regresaran del trabajo, casi seguro en algún puesto del mercado, fijo o ambulante, ese vegetal crecido en huertas tan similares a las de mi pueblo, debería formar parte de la comida dispuesta para ellos. El niño, que apenas llegaría a los cinco años, era responsable de aquella parte del sustento familiar. Su deber era la compra y el acarreo del enorme vegetal entre sus diminutas manos, hasta alcanzar la casa donde se reunirían todos más tarde. Nadie se escapaba de aportar su granito de arena en la contribución personal al mantenimiento del precario equilibrio económico del grupo, que en muchas ocasiones podía extenderse mucho más allá de parientes de primer y segundo grado. Incluso habría casos en los que la familia podría llegar a acoger en su seno, a cualquier persona que estuviera necesitada por sus circunstancias del momento. Siempre se podía hacer un pequeño hueco para alguien más.

Cuando le adelanté en su paso vacilante, pude observarlo al detalle en aquella estrecha callejuela bajo una tenue llovizna invernal. La madre había querido asegurarse de que su retoño no pasara frío. Iba embutido de pies a cabeza, en un montón de capas de ropa que participaban en su andar algo lento y fatigoso. Solo quedaba al descubierto su carita redonda y blanca envuelta en un gorro de lana, que atado bajo su barbilla, le cubría todo menos el óvalo de la cara. Muy apretada la enorme lechuga contra su cuerpecito, un hilillo de moco transparente le asomaba desde una de sus fosas nasales, probablemente por no poder coger el vegetal con un solo brazo y limpiarse con la manga de la chaqueta del otro, tal y como recordaba haber hecho yo a su edad. Al pasarle de largo, me observó con la misma curiosidad que yo a él. Tras caminar unos pasos, me giré para dar una última mirada a aquel solitario personaje, y le vi entrar en una destartalada casa que tenía la puerta entornada. Aún me miraba. Yo seguí mi deambular por las tortuosas y estrechas calles de aquel barrio: uno de los más antiguos dentro a su vez de una de las primeras ciudades que alguna vez construyó el ser humano en su historia, sobre de sus primeros asentamientos estables junto a la fértil tierra de un río aún sin nombre en los albores del homo sapiens.

Poco tiempo después de mi llegada a la histórica ciudad, comprendí que me iba a resultar imposible encontrar un empleo, por lo que mi mejor opción fue aprovechar el momento mientras tuviera algo de dinero, después, el tiempo diría. Mientras los regalos que mi querido casero prodigaba a su bebe aumentaban, disminuía proporcionalmente mi capital. Conocí a otras personas de mi lugar de origen, pero para ellos era más fácil por estar allí gracias a una beca del estado. Ellos habían accedido a la zona a través de mejores estudios, no en calidad, pero sí en cualidad. Tampoco tuve interés ninguno en relacionarme con ellos, al fin y al cabo pertenecían al mundo del que yo había huido. Ya tendría tiempo de convivir con seres semejantes en cuanto mi dinero se agotara y me viera obligado a regresar a casa en busca de otro estúpido empleo.

Comentar mi estancia allí sería material para un libro completo, pero no es este el asunto del presente escrito, eso sí, hay una cosa que no puedo pasar por alto: el desierto. Hablar del desierto es hablar de todo en medio de esa nada. Tanto es así que el día en que las fuerzas abandonen mi cuerpo y llegue el final, me encantaría ser arrojado en medio de aquella inmensidad para poder volver al ciclo natural de la tierra como un animal cualquiera, dejado allí donde sus energías se agotan para siempre. Embarcado en una excursión hacia una ciudad arqueológica perdida en el centro de aquel pedregoso e interminable océano, iba pegado a la ventana del autobús para no perder detalle alguno de la belleza que regalaba a los sentidos el monótono paisaje. Me embargaba una infinita sensación de libertad inagotable, algo que solo puede proporcionar esa amplitud sin límites que regalan los kilómetros de inmensidad bajo un cielo azul e inmutable. Allí, en medio de esa nada que lo era todo, sin ninguna casa a la vista en un mar de polvo a la redonda, había dos niños a un lado de la carretera, en lo que en otro lugar habríamos llamado arcén, pero aquí no era más que la continuidad sin fin del desierto chocando contra el civilizado asfalto. Para aumentar más si cabe la magia de aquella postal, añadiré que, mientras uno sujetaba con una cuerdecilla una escuálida vaca lechera, el otro agitaba en dirección al vehículo, un viejo cacharro que a todas luces, parecía el recipiente donde ordeñar al seco animal y vender su nutritiva leche al viajante ocasional que pudiera vagar entre las piedras y el polvo. Que yo recuerde, los medios de locomoción que había visto a través del cristal desde hacía horas, se limitaban a un oxidado coche en sentido opuesto.

Ya de vuelta, tras la agradable visita cultural, la tarde se marchaba enrojeciendo los tonos pardos del desierto. La luz eléctrica de farolas y ciudades, totalmente ausente, no enturbiaba el crepúsculo en la placidez del lugar. Mi ventana abierta dejaba entrar un aire tan puro, que podría haber asegurado que no poseía ninguno de los componentes que lo forman, ni tan siquiera el vital oxígeno. En medio del espacio exterior no me hubiera sentido tan aislado ni al mismo tiempo tan cerca de casa. Por primera vez en muchos años me sentía en paz conmigo mismo, con la vida. Creía que iba a poder en un solo instante redimir todos mis errores pasados. Sabía que pronto debería continuar la eterna lucha por encontrar mi sitio en el mundo, pero ahora, aquella nada lo era todo, lo único necesario para la subsistencia, era ese aire puro que entraba a través de la ventanilla. Esa puesta de sol que desangraba el horizonte, daba la sensación de ser la única cosa real y viva en el universo sin fin. Ese vacío existencial que me había acompañado durante tantos años, había desaparecido mezclado entre la polvareda de aquel abrupto lugar. Era libre para sentir y existir dentro del mundo, sintiéndome parte de él, no era más que polvo entre el polvo. Había encontrado mi lugar, pero este lugar no me aceptaba a mí, no al menos por el momento, aún quedaban muchas cosas que debía solucionar antes de poder volver a este emplazamiento terrenal y poder terminar mis días en paz. Aún debía cumplir con los planes preestablecidos desde nuestro nacimiento para no convertirme en una persona frustrada, un ser que vagara por el mundo con un remordimiento de conciencia eterno, alguien que arrastrara a perpetuidad la gruesa cadena de haber decepcionado a todo el mundo que le importaba y a quienes él mismo importaba. En ese momento crepuscular comprendí que debía regresar y llevar a cabo mi labor hasta el final. Cómo se parecía aquella tierra árida a la aridez de mis sentimientos. Qué parecido era su color al de la heroína que había venido a mi bajo los árboles, para abrirme los ojos a una nueva realidad, para rescatarme hacia a una nueva y mejor forma de pensar y de llevar los asuntos vitales de modo armónico, equilibrado, que me ayudaba a reencontrarme y aceptarme dentro de un mundo que gira con todos nuestros semejantes de cualquier raza y especie, animales dentro de una bola en perpetuo movimiento que nos las arreglamos de la mejor forma posible no solo para conseguir alimento, también para la realización íntima y la alegría personal en cada uno de nuestros actos.

Apenas la muerte del día iluminaba ya aquella mágica extensión de mundo. Como dos viajeros fantasmas enamorados, el autobús pasó junto a una pareja de jóvenes que cogidos por el brazo, caminaban junto a la carretera en medio de aquella apacible soledad, bajo el cielo de un azul ya muy oscuro y sin ninguna casa a la vista en aquel acogedor desierto. Con paso firme y embelesado, avanzaban unidos por las manos junto al camino. ¿Dónde harían noche esos dos amantes espectrales que el firmamento cuidaba con la salida de sus primeras estrellas? ¿Dónde estaría el lugar que aquel paraíso remoto les tenía reservado para cumplir con lo establecido en el ciclo de la vida? ¿Acaso humildemente no necesitaban nada más que su sencillo amor en aquel sencillo paraje?

41

"Lo siento mucho chico, pero no llevo nada suelto, otro día te daré algo". Me fue imposible disimular la expresión de asco, lo cual, pareció avergonzarle aún más por el hecho de no poder darme una limosna, y esto a su vez cerró el círculo de mi humillación, por lo que ya no pude aguantar más y le espeté con toda la educación del mundo y tratando de ocultar la ira que hervía dentro de mí: "No se preocupe caballero, el motivo por el que limpio el parabrisas de su coche no es para conseguir nada a cambio, me obligan a hacerlo, forma parte del trabajo por el cual me pagan un sueldo". Algo confundido, mostrando una ligera sonrisa de asentimiento y no sé si de comprensión, el hombre montó en su coche y se esfumó entre el tráfico. Asqueado, me apoyé en el surtidor de gasolina y esperé al siguiente vehículo que no tardó en llegar, al que me acerqué enfundado en mi nuevo uniforme azul.

En esta vida he realizado todo tipo de trabajos, mejores o peores, mejor o peor pagados. Aunque todos han tenido el nexo común de ser una soberana basura, los había de más o menos dignos, aunque dice quien nunca ha tenido uno empleo repugnante que todos son dignos. Palabras. La dignidad no se mide por posición social o estudios, pero tampoco por labores mejor o peor remuneradas. Sería más bien una cuestión de valores, de actos, de principios humanos de respeto y tolerancia hacia lo que nos rodea, sea animado o inanimado, conocido o desconocido, familiar o ajeno. Filosofías aparte, cuando ves las cosas desde fuera te sientes muy listo y competente, al igual que cuando te han enchufado en un buen empleo, la disonancia cognitiva de la que ya he hablado, te hace creer que merecías ese puesto más que los otros candidatos, que lo has conseguido realmente por méritos propios, todo menos admitir que te han colocado a dedo pasando por encima de personas probablemente mejor cualificadas que tú. Así funciona nuestra mente. Qué difícil es admitir que no siempre somos merecedores de las cosas que poseemos, sobre todo si estas son buenas. Qué fácil es ver los defectos en los demás. De igual modo que nuestro cerebro es capaz de hacernos percibir al completo, la forma de un objeto conocido que no podemos vislumbrar en su totalidad, para así permitirnos percibirlo como un todo, nos resulta muy cómodo encontrar el error y la equivocación en la forma de actuar de quien no se dirige según nuestro modo de pensar, y nos resulta igual de imposible aceptar que algo nos lo han regalado probablemente de una manera injusta. Nuestras neuronas funcionan la mayoría del tiempo en modo automático, sin que seamos conscientes de ello, analizan millones de datos a una velocidad que no podría ni soñar en alcanzar la mejor computadora fabricada hasta la fecha, y como un buscador de internet, utilizan el autocompletar y el adaptar a nuestras preferencias de búsqueda generales, la forma de entender y asimilar la vida. En definitiva, somos incapaces la mayor parte del tiempo, de poder ver la situación de forma imparcial y en perspectiva. La teoría de la mente no es algo que todo ser humano vaya a alcanzar a lo largo de su vida tan fácilmente como te salen los dientes, creces, envejeces y mueres. Cuántos chimpancés lograrán un grado de empatía hacia sus semejantes que muchos seres humanos no podrán ni tan siquiera llegar a imaginar que existe.

Podían haberme mandado limpiar la gasolinera de punta a punta, frotar sus cristales con la camisa de mi nuevo uniforme de batalla, ordenar las estanterías en mis momentos libres o no ir al baño en ocho horas más que para limpiarlo, incluso regalar algunas horas extras... Todo me daba igual, en ese sentido no hubiera sido la primera vez en aceptar pasar por el aro destinado al parecer, a los seres laboralmente perdidos, ni desgraciadamente la última. Regresar al país no implicaba volver a la casa familiar, ya había salido y bajo ningún concepto iba a retomar la anterior situación, no se pueden dar pasos hacia atrás. En la vida se debe evolucionar, nunca involucionar. Al menos esa es la forma en que yo veo las cosas, es así como las entiendo, la retirada a tiempo es una victoria, de acuerdo, pero la rendición es nada más que el fracaso simple y llano. Este era el motivo por el que había elegido sin dudar el primer trabajo que hallé a mi regreso, uno que no requería cualificación ninguna, pues seguía sin tener nada que ofrecer, pero eso no iba a ser siempre así. La rendición no entraba en mis planes, tan siquiera en los más tenebrosos momentos de incertidumbre.

Mi nuevo empleo se encontraba en la ciudad, donde me había alquilado un piso y donde pensaba seguir estudiando aquel increíble idioma tan poco saturado de alumnos deseosos de conocerlo a fondo. Todo me parecía bien, no culpaba a nadie, pero que limpiara los parabrisas de los vehículos a los cuales llenaba los depósitos, no les hacía a sus propietarios ninguna gracia, al contrario les hacía sentir estafados por mí, como si les estuviera obligando a realizar una donación para el miserable tío que les ponía el combustible que necesitaban. Ellos querían x cantidad de x material inflamable y tal vez no podían permitirse añadir a esto una x cantidad de propina para el desgraciado que les atendía, desgraciado que además era plenamente consciente de la situación, y que jamás había robado ni la más mínima y miserable cosa de ningún lado, ya que así lo habían educado, a no querer nada que no fuera suyo o que no se hubiera ganado por sus propios medios de alguna forma legal. Los clientes, puestos en aquel aprieto, solo tenían dos opciones: marcharse avergonzados por no darme nada, o indignados por tener que dármelo de forma forzada. Diré en mi favor que jamás acepté aquella limosna de nadie, siempre hallé la forma de rechazarla educadamente.

Traté de hacer comprender a mi encargada el motivo por el que al cabo de unos días dejé directamente de dar agua y jabón a los parabrisas de todas las víctimas que pululando, acababan enredados entre las telarañas de aquel apestoso lugar. Ella pareció no entenderlo. Eran las órdenes dijo. No podía creerlo. Pensad que por entonces aún mantenía algo de fe en el mundo laboral, todavía pensaba que las personas son personas y que la opinión de cualquiera es tan válida como la de cualquier otro. No me iba a engañar, es evidente que hay diferentes estratos sociales, no era tan necio, pero quien está al pie del cañón hora tras hora, día tras día, es quien realmente conoce cómo funcionan los entresijos de la realidad de cada labor en particular. Entonces descubrí el verdadero motivo y razón de ser de la celebérrima frase: "A ti no te pagan por pensar". Esa expresión existe por el simple hecho de que infinidad de personas como era el caso de mi propia encargada, le dan el soplo vital, la legitiman dejándola ser en sus propias personas, son la máscara que eligen para actuar en el inmenso teatro de la vida, en la representación anónima que nos convierte en simples eslabones de una cadena que se pone en funcionamiento para que no se detenga jamás una maquinaria bien lubricada. Nos hace esclavos de nosotros mismos al dejarnos someter por normas sin sentido que nos está prohibido discutir pacíficamente en su utilidad práctica.

Días más tarde apareció el jefe supremo. Llegó montado en una imponente y nueva motocicleta, precedido del apellido que le había hecho heredero de aquel tugurio y enojado, pese a tratar sin éxito de disimularlo, por el hecho de que el nuevo empleado no cumpliera con lo que él había estipulado como una forma genial de captar más usuarios potenciales hacia sus servicios energéticos. Amable, serio y cínico, charló conmigo un momento. Hablamos sobre motocicletas y sobre mi opinión respecto al empleo. Tranquilamente expuse el resultado que estaba teniendo sobre la moral de los clientes habituales y más aún de los esporádicos, el hecho de hacerles sentir obligados subrepticiamente a su entender, a realizar un desembolso extra a la hora de repostar, gasto que muchos de ellos sencillamente no podían permitirse. El personaje en cuestión me observaba con semblante serio. Supongo que fingía prestarme atención. Yo sentía que mis razones eran lógicas. No hacía falta estudiar marketing o económicas para entender algo tan sencillo como el efecto que tiene en el ser humano sentirse extorsionado. Era en cierto modo como cuando llegabas a un sitio donde podías encontrar veinte plazas de aparcamiento libres, y tras estacionar tu coche, no sabías muy bien de donde, aparecía un tío reclamándote una propina por haberte encontrado supuestamente ese espacio que te estaba reservando especialmente para ti desde hacía horas: Trato personalizado. Cliente especial. Estamos para servirte. Aquel esperpento parecía comenzar a aburrirse, mis palabras le entraban por un oído y le salían por el otro, su mirada se iba extraviando hacia el interior de sí mismo al tiempo que desconectaba de mi voz. Es algo tan habitual en las personas que no saben asimilar que sus ideas puedan ser rebatidas, que pueda haber alguien que ose tener una opinión diferente a la suya, que a poco que te fijes, pronto comprendes que se han distanciado de tu conversación, sencillo: les importas un rábano, eres un simple memo de una raza inferior y por civilizar. Punto y aparte, sobras. Son personas que se ven a sí mismas como poseedoras de la verdad absoluta, personas que tienen un concepto tan alto de sí mismas, no ya inteligencia, más bien ego, que sienten que todo y todos son una panda de inútiles que, o bien no se enteran de nada, o bien son listillos que pretenden aprovecharse de ellos: únicos seres dotados de la capacidad innata para vislumbrar más allá de todo y de jamás equivocarse en ninguna de sus decisiones.

Cuando llegó el último domingo del primer mes de trabajo en aquel por defecto aburrido lugar, le pregunté a mi encargada cuando iba a librar algún día, pues llevaba trabajando sin descanso los treinta días precedentes. Ella, algo azorada y balbuceando algunas frases que más sonaban a niño que comienza a aprender los entresijos del habla, que a persona responsable del adecuado funcionamiento de un negocio, me entregó a modo de respuesta un sobrecito cerrado en cuyo interior hallé la carta de despido que debía firmar. Por primera y única vez hasta la fecha en mi extensa vida laboral, no había superado el periodo de prueba. Tras devolver, como me indicaron previamente, el uniforme que llevaba utilizando un mes, me encaminé en busca de otro empleo con una sonrisa en los labios.

Hay una cosa que pese al paso de los años y lo lejos que queda ya aquel empleo, aún no he conseguido comprender. Reconozco que tal vez la culpa sea mía, quizá no estoy capacitado para alcanzar tan altos niveles de conciencia social y las normas morales que creía rigen el mundo no son las mismas para todos pero, hipotéticos lectores, pensad en ello y tratad de poneros en mi piel, de sopesar los motivos y darle respuesta a esta mi gran duda: Durante los treinta y un días que permanecí en aquel lugar, mis compañeros de trabajo, desde el primero hasta el último que yo recuerde, siempre se alegraron cuando el pobre y azorado personaje extorsionado de turno, solo ante la afrenta, les obsequiaba con una mínima y cutre limosna.

42

Tenía la sensación de ser una especie de insecto. Tal vez una hormiga de esas que son capaces de levantar y arrastrar cargas varias veces superiores a su propio peso corporal. Esquivando como podía los recovecos formados por una diminuta entrada lateral; un estrecho mostrador donde dos dependientas se afanaban en despachar sus productos artesanales a la clientela que pacientemente esperaba su turno; unos peldaños desgastados que comunicaban con la trastienda; una sala atestada de útiles y maquinaria de panadería con varios trabajadores en plena faena; dar un rodeo al horno de leña; pasar de lado junto al amontonamiento de troncos que le servirían más tarde de combustible, ya por fin tras estos, podía dejar caer sobre el montón de altura en continuo crecimiento de sacos de harina, el que había llevado cargado al hombro durante todo el tortuoso trayecto. El saco en cuestión era de cincuenta kilos, ninguna broma, más aún cuando toda mi persona con ropa y botas de trabajo incluidas no alcanzaba los sesenta. Pese a todo, eso no era lo más complicado, ni tan siquiera la distancia plagada de obstáculos a recorrer cargado como una mula. El principal problema era la progresiva altura a la que había que ir dejándolos caer, una cosa era soltarlo en el suelo, y otra muy distinta lanzarlo sobre una pila que ya te pasaba en altura a ti mismo, y además, después de haber realizado varias veces el dichoso paseíllo. Al borde del colapso exclamé: "¡Uff, ya no llego tan alto!", a lo que mi eventual encargado contestó: "¿Cómo qué no?, ¡tírale!" Y en efecto pude, y él sin inmutarse si quiera, aún lanzó el que portaba sobre su hombro por encima del que había dejado yo, como quien lanza una pelota de plástico a un compañero que espera recibirla junto a la orilla del mar. Todavía estoy convencido de que aquel hombre hubiera sido capaz de cargar aquellos sacos de dos en dos, pero que no lo hacía porque no tenía ninguna prisa, así de simple. Mientras el dueño del horno, creo que este tipo de lugares de trabajo me perseguían cíclicamente de un modo u otro allá donde fuera, firmaba el albarán de entrega, yo salí hacia la fresca mañana, donde mi otro compañero de faena ya estaba subiendo al destartalado camioncito cargado de sacos con el que nos desplazábamos. Una vez los tres a bordo, nos dirigimos hacia la siguiente escala de nuestra ruta de reparto.

Pese a estar ya a finales de otoño, iba sudando por el esfuerzo, y ataviado solo con una camisa de manga corta. Con un carraspeo atronador, dos petardazos y una nube de diésel quemado negra como la noche, el trasto que sin duda conoció tiempos mejores muchos años atrás, nos encaminó a paso de carromato hacia el siguiente puerto. El viento entraba fresco por la ventanilla de aquella locomotora, por lo que subí el cristal hasta cerrarlo. Al punto, con una exclamación seria pero jocosa, el conductor y maestro de ceremonias me lanzó: "¿Tú también como las abuelas, cierras para no resfriarte?, ¿cuándo tienes frío no te tapas?, pues cuando tienes calor te destapas". La lógica era tan sencilla y aplastante, que sin poder parar de reír bajé la ventanilla a tope y dejé que la fresca mañana me acariciara el rostro, llevándose de paso los dolores que el peso acarreado regalaba a mis huesos una vez descansados estos sobre el duro asiento. La verdad es que aquel dolor era agradable, constituía la vuelta de cada una de mis articulaciones a su posición original. El día era brillante en la ciudad, hermoso como las madrugadas de campo abierto. Yo me dejaba llevar. La vida cosmopolita seguía su rumbo a nuestro alrededor. Siempre encontré algo encantador en el hecho de observar a las personas en su ir y venir laboral del día a día. Atestando las calles con sus prisas y obligaciones, o sencillamente paseando frente a los escaparates de las tiendas por estar jubilados o desempleados, el trascurrir de las gentes ajenas a mí en el espacio y tiempo compartido me hacía sentir bien, estable y adaptado.

Apenas habrían pasado cinco minutos de silencio en el que cada uno íbamos recuperando el aliento a nuestro modo, cuando el cacharro frenó chirriante frente a un paso de peatones. Dos octogenarias, pugnaban por cruzar cogidas del brazo y con sus pelos recién sacados de la peluquería. Un par de permanentes adornaban sus cabezas, una de ellas en un azul morado y la otra en rubio platino. Tras asegurarse sus apergaminados rostros de ojillos vivarachos y chispeantes, de que el atronador traqueteo del prehistórico vehículo indicaba que estaba parado en espera de que alcanzaran la seguridad de la otra acera, muy juntitas comenzaron a cruzar lentamente. De nuevo, nuestro grave y alegre conductor lanzo a voz en grito, dirigiéndose esta vez a mi compañero: "¡Mira, no dices que a ti te van más las rubias, pues ahí tienes una, pregúntale si quiere venir a dar una vuelta!". El pobre chico trató de responder algo que no llegué a entender debido a las risas generalizadas que llenaron la cabina de nuestro cochazo, vehículo perfecto para vacilar a las deslumbrantes rubias que se dignaran a lucir sus impresionantes cuerpos frente a todo aquel que los deseara admirar. Más aún si acababan de salir de ponerse más guapas si cabía, en un salón de belleza. Una paradita más, y llegaría la muy deseada hora del almuerzo.

Fue este un trabajo pesado pero divertido, recorrías varios pueblos de la comarca a un ritmo constante pero sin agobios, y los momentos entre descargas te permitían descansar y disfrutar del paisaje. Siempre me gustó viajar, desde que tengo conciencia y recuerdos, no podría hallar una sola vez en que a la pregunta ¿vamos a…?, mi respuesta hubiera sido negativa. Moverse es conocer, conocer es aprender y divertirse, no importa si es lejos o cerca, lo importante es la novedad de la que con toda seguridad, algo sacarás de provecho. Todo lugar nuevo tiene seguro algo oculto que ofrecer, algo interesante y bueno. Otra ventaja era el horario, trabajábamos a jornada intensiva solo por las mañanas, lo que me permitía continuar asistiendo a las clases de mi idioma elegido tranquilamente, sin los agobios de los horarios esclavos que te encadenan durante todo el día. Los cursos pasaban y los aprobaba sin problema alguno, más aún, con buenas calificaciones. El deseo de tener por fin un título oficial que me acreditara como entendido en alguna materia, se iba haciendo realidad. Ya no podrían decirme jamás que al no tener nada que ofrecer solo me podían contratar para trabajos que no requiriesen cualificación. Qué cerca veía ya la deseada meta. Por desgracia este empleo duró poco, te contrataban por días según el volumen de trabajo que tuvieran, que además, en este caso concreto era una pena pues menguaba rápidamente. En fin, son cosas de las empresas de trabajo temporal. Usar y tirar.

No recuerdo por cuantos empleos de varios días pasé en aquella época. Fueron variopintos en horarios y tareas, unos los aguanté como pude, otros me regalaron anécdotas amenas, otros me resultó imposible soportar su monotonía y tras el primer día me despedí amablemente. Allá donde me mandaran iba yo, trabajaba, cumplía y cobraba. Nunca maldije mi suerte, no al menos por entonces. Es verdad que iba perdiendo paulatinamente la fe en el mundo laboral, pero podía sentir que eso no era para siempre. Pronto todo se solucionaría a mejor. Pronto dejaría de tener unas ideas y una opinión que no importaran a nadie. Me mantenía optimista. A veces más justo, otras menos, fui aguantando el tipo en aquel piso alquilado y nunca tuve que irme a dormir sin cenar, cosa que por otro lado, mis padres jamás hubieran permitido, pero yo allí, al pie del cañón contra viento y marea, lo hecho, hecho estaba. Se deben afrontar las decisiones tomadas con una sonrisa, ya puestos, qué opción te queda. Reconozco que desde que abandoné la seguridad económica del hogar familiar no he vuelto a tener dinero. No recuerdo un solo mes que haya alcanzado su final con algo de capital en la cuenta corriente abierta en el banco de turno, si acaso alguno de paga doble, pero de todos modos, esas pagas son siempre tan esperadas para cubrir necesidades que has debido ir retrasando por orden a las prioridades vitales, que pese a todo, pocos habrán sido. También debo decir aquí que, en contra de lo que las leyes puedan tener estipulado, encontré por el camino muchas empresas en las que la frase paga extra no sabían qué significado tenía. Me atrevería a asegurar que para ellos el término extra era solo el tiempo que invertías de más en trabajar gratis por el bien común del empresario de turno. ¡Ahh!, in dulce curriculum.

43

Atisbando con disimulo y silencio absoluto a través de la rendijita que deja cualquier puerta abierta, entre las bisagras unidas a su marco y la madera de la puerta en sí, podía ver cerrando un ojo, el sofá del salón de una de las casas a las que alguna vez llamé hogar. En él, frente a la televisión en funcionamiento, estaba sentada mi pareja de entonces, muy atenta al discurrir de los acontecimientos emitidos en aquellos momentos en forma de documental, programa variado o lo que fuera que estuvieran poniendo para el adormilado espectador. A su lado, y no menos atento a los colores y voces de la pantalla, se encontraba cómodamente apoltronado nuestro perro. Por mi parte, mientras les observaba, comencé a comerme un pastelillo de fresa que previamente había sacado de su envoltorio oculto en la cocina, a escondidas y a salvo de agudos oídos indiscretos. En ello estaba, cuando comencé a soplar lentamente a través del descrito orificio entre la puerta y la pared, lanzando mi dulce y caramelizado aliento hacia mis espiados y queridos seres acomodados varios metros más allá. Apenas habrían transcurrido unos escasos segundos cuando, mientras mi novia seguía atenta a la tele y ajenos sus sentidos a percepciones tan finas, la nariz de mi perro comenzó a describir pequeños movimientos circulares a modo de lobo solitario, venteando su siguiente presa en el horizonte imaginario de los bosques vírgenes. Pronto, ya era su diminuta y redondeada cabeza al completo la que buscaba el origen de aquel manjar desconocido en su posición, no así en el sabor, de sobra célebre para él. Desde mi escondite, luchaba con todas mis fuerzas por no romper a reír delatando así mi posición estratégica. No fue necesario más, los cuatro alambres que tenía por patas, impulsaron su esférico cuerpo hacia el suelo, en busca del alimento que sus sentidos anticipaban. Sus ojos saltones, encajados en la pequeñaja y redondeada cabeza, buscaban ansiosos la posición del preciado sustento que su olfato ya sabía perfectamente donde encontrar. Sin poder aguantar la risa durante más tiempo, salí alegre a su encuentro, mientras las uñas de sus piececillos golpeteaban ansiosas el suelo de azulejos. Ya sabía muy bien qué estaba olfateando, quién era el poseedor de la golosina, y que este iba a estar más que dispuesto a compartirla con él. Así fue, poco más de un palmo de alto por dos de largo de perro callejero, de cuerpo cilíndrico como una croqueta a no ser por su color que era negro y marrón, saltaba con sus patitas de palillo a mi alrededor, mientras le iba lanzando pedacitos de pastel que alegremente atrapaba al vuelo, sin dejar que se perdiera en el acto ni una sola migaja. Jamás he conocido ningún otro animal que fuera capaz de engullir su propio peso en alimento en una sola comida, preferiblemente si esta era de humanos. Voy más allá sin correr el mínimo riesgo de exagerar, podía ser capaz de comerse un pollo entero y acto seguido estar atento a ver si aún le dabas algo dulce, algo como medio kilo de pasteles, supongo que por aquello del postre. No iba él a ser menos que los demás comensales.

Fueron los entresijos de las páginas del destino, las que llevaron una tarde de lluvia, a que mi pareja circulara en su automóvil por los caminos del mundo de regreso a su casa. La casualidad y su vista de lince para estas situaciones, le hicieron reparar en el animalito, que calado hasta los huesos y cojeando, vagaba famélico por el arcén de la carretera. Como su alma no hubiera podido cargar con aquello en la conciencia, decidió de inmediato detenerse a un lado y dar auxilio al descarriado perro. La lluvia arreciaba como hace algunas pocas veces al año por esta zona del planeta, y bajo el intenso chaparrón, entre los árboles frutales que con indiferencia observaban la situación dándose una buena ducha, le resultó imposible dar con el pobre chucho. Simplemente había desaparecido. Se lo había tragado el mismo agujero por el que tal vez apareció. Totalmente mojada y cansada de llamarlo, optó por regresar al coche dándolo por perdido. Entró en el vehículo cerrando tras de sí, y al mirar por el retrovisor para asegurarse de que no venía otro coche antes de reincorporarse a la calzada, allí estaban sus ojos saltones, mirándole, negros y alegres mientras movía su húmedo rabo a modo de presentación formal. Su única pregunta fue sencilla: "¿Y tú quién eres?" El perrito dio por supuesto que ya tenía dueña cariñosa y un lugar predilecto en el asiento trasero del coche. No se equivocaba. Tampoco volvió a pasar hambre.

Cuando conocí a esta chica tiempo después, el perro se convirtió en mi amigo desde el primer momento, podría decir que desde el primer día, pero mentiría. Fue desde el primer segundo. Nunca más nos separamos fuéramos a donde fuéramos. Él podía distinguir el sonido de mi motocicleta entre el continuo tráfico de la ciudad, o tal vez sabía perfectamente cuál era la hora de mi regreso tras la jornada laboral. Fuera como fuere, independientemente de todo lo que pudiera estar ocurriendo, saltaba del sofá y se dirigía a la puerta de entrada para recibirme, contento de verme a mí tanto como yo de encontrarlo a él.

Podría decir que fuimos uña y carne en todo momento hasta el día en que ella vino a buscarme al trabajo una tarde. En sus manos llevaba una cajita de zapatos y no paraba de llorar desesperada. En el interior estaba mi perro gordo y pequeño, frío y silencioso. No había podido ser salvado, los años y el cáncer se lo llevaron. Cuando abrí la caja antes de enterrarlo en el monte para despedirme de él con un beso, comprendí por vez primera en mi vida, que las cosas que queremos no son eternas. Es algo que he llegado a asimilar. Jamás lo superé. Supongo que algunas cosas son para siempre al margen del espacio y tiempo real que ocupen en el mundo. Algunos seres siempre formarán parte de nosotros estemos donde estemos, nos sintamos como nos sintamos. Tal vez eso es lo más cerca a la eternidad que podemos aspirar a encontrarnos.

44

La cola era interminable. Ahí estaba yo. Ocupando pulcra y educadamente mi lugar en ella. Qué importaba que aquella hilera humana pareciera no tener fin. Yo sí había terminado. Tenía un objetivo. Yo sí tenía un fin. A falta del título oficial que aún tardaría bastantes meses en ser expedido, mi certificado académico demostraba que había superado con éxito, los cinco años que me convertían en Titulado Superior en aquella maravillosa y complicada lengua, que me había llevado a disfrutar del indescriptible desierto, sus gentes y cultura. Por fin había conocido de primera mano el mundo que hay más allá de las cosas que conocemos y en las que nos movemos como pez en el agua, había ido mucho más allá del seguro receptáculo de mi nacimiento. Hay una gran diferencia entre subir al tren que pasa por la puerta de tu casa y dejarte llevar por los habituales trayectos de siempre, y realizar esa misma acción cuando tú eres el extraño, aquel al que se dirigen las miradas mal disimuladas, el que no entiende nada de lo que se está hablando o cociendo a su alrededor, el que se encuentra solo ante la más mínima dificultad cotidiana, sin nadie a quien recurrir.

El esfuerzo había sido compensado con creces por los resultados y el conocimiento, por la alegría y el orgullo de tener al fin voz entre los gritos ahogados de tantas y tantas maquinarias bien engrasadas y dispuestas a accionarse veloces al más mínimo toque del botón oportuno, el que les diera la orden concreta a realizar una y otra vez hasta la saciedad o la muerte. La ristra de almas de semblante serio avanzaba como un lúgubre desfile de animales condenados al sacrificio sin llegar a entenderlo del todo. No era un matadero, parecía más bien una especie de ritual u ofrenda. Las bases impuestas sobre alimentación ayudan a que seres superiores coman hasta saciarse, para tirar después al cubo de la basura los restos aún nutritivos del desgraciado animal, nacido única y exclusivamente para dar servicio y alimentar a especies superiores. Yo sonreía en mi interior. Trataba de disimular la alegría que me completaba por dentro, que me hacía sentir útil y vivo tras tanto tiempo de espera desilusionada. Había llegado al punto acordado por mí mismo y por la moral inculcada desde la infancia.

Frente a la chica de la oficina de empleo, anuncié disimulando mi emoción, que quería añadir más estudios a los datos informatizados de mi expediente. Muy amable, se dispuso a actualizar con mis nuevos conocimientos la exangüe lista. Con la misma amabilidad me expuso que de momento no había ningún empleo ofertado en el que se necesitara alguien con mi perfil. De hecho, no podía encontrar en su listado nada relacionado con aquel bonito idioma en el que había tomado digamos que clases particulares, debido a los escasísimos alumnos que acudimos a aprenderlo y finalizamos nuestros estudios. No obstante, mis datos serían tomados en cuenta. Los principios nunca son fáciles, es evidente, pero las cosas comenzaban a girar en la buena dirección. Era muy joven y la prisa por llegar no formaba parte de mis planes bien estudiados y estructurados. Estos se habían ido gestando a lo largo de muchas noches de meditación, además, las prisas jamás conducen a buen puerto, te condenan a errar el camino.

Pronto recibí su llamada, ya podía ir dejando los empleos temporales por días, el hoy aquí mañana dónde. Necesitaban un mozo de almacén en el polígono cercano a mi pueblo. No se requería ninguna experiencia ni cualificación.

45

Mientras pedía el café me pregunté qué tipo de contrato y qué condiciones laborales habría firmado aquel infeliz. Poseía todos los ingredientes en su apariencia, de un pobre individuo olvidado, pero tal vez el chico solo tenía un empleo a tiempo parcial en una cafetería de aeropuerto para sacar algo extra, vaya, otra vez esta palabra. Algo con lo que pagarse parte de sus estudios y algún capricho que como todo ser pensante, pudiera desear. Desde luego su al parecer obligada miseria parecía de manual: uniforme de color extravagante y chillón, gorra a juego que con toda seguridad le estaría achicharrando los sesos por andar siempre pegado a esos hornillos para recalentar bollería, delgado y alto pero con la adolescencia aún muy marcada a base de espinillas en su semblante escuálido, sonrisa claramente forzada por el hastío.

Era curioso, tal vez el me mirara con cierta admiración. Un hombre bien vestido y sin privarse de nada a la hora de cenar, más todavía con los desorbitados precios que suelen usarse en estos lares, un triunfador, un gran hombre de negocios, un alto ejecutivo. Nada más lejos de la realidad, un simple personaje anónimo tan perdido como siempre en un mundo sin sitio para él. Mentalmente le deseé lo mejor al pobre chico tan desconocido como yo, saboreé aquel aguado café y continué mirando hacia el exterior, apoyado en la diminuta circunferencia de mi mesita, atestada ya de platos desechables y servilletas usadas.

A decir verdad no me encontraba tan mal, no todos los días pierdes un gran amor, pero si lo pierdes debe de ser por que no era el amor de tu vida. En fin, a quién trataba de engañar. Ya estaba muy curtido en estos requiebros del destino, ya llevaba muchos años andando por estos páramos salvajes sin encontrar la senda que me prometieron y aseguraron que estaba allí, esperándome a mí del mismo modo que en teoría espera a todo el mundo. O acaso nadie me prometió nada y todo fue un simple espectro creado por la ilusión de mi mente altamente imaginativa. No podía apartar la mirada del gentío siempre inabarcable que se movía frente a mis ojos. Decidí acompañar aquel fluido ennegrecido con una copa de brandy.

46

Apuré mi copa y salí disparado del bar. Los compañeros de almacén ya estaban subiendo al coche de uno de ellos y debíamos regresar al trabajo tras el almuerzo. Aquella taberna de polígono industrial no se hallaba muy lejos de la empresa en la que trabajábamos, pero sí a un par de minutos en coche. Ya íbamos con el tiempo justo. No convenía buscarse problemas inútiles.

Los primeros meses de mozo de almacén transcurrieron sin problemas. Mi natural carácter tendente hacia la adaptación, me hizo acoplarme fácilmente a un ritmo de trabajo bastante distendido, amenizado por unos buenos compañeros con los que me divertía y un encargado y un jefe de almacén geniales. Nos daban un trato excelente, ni un mal gesto, ni una mala palabra. Al contrario, eran comprensivos y amables, el trabajo se realizaba sin retrasos ni errores, y ellos nos correspondían dejándonos andar a nuestro ritmo sin agobios innecesarios. Con una maquinita eléctrica que me ayudaba a arrastrar mercancías arriba y abajo, me perdía, lista en mano, por las enormes naves plagadas de productos variados, completando los pedidos que me encargaban. La jornada laboral partida era algo engorrosa, pero al no tener ya que estudiar, me podía permitir perder tanto tiempo en el trabajo como me exigieran mis obligaciones. Los días pasaban tranquilos en el plácido silencio de aquel laberinto de corredores y olores variados, entre los que de vez en cuando coincidías con algún colega de fatigas, y aprovechabas para charlar un rato y fumar un cigarrillo en la privada penumbra de un almacén que nos protegía de miradas peligrosas. Los dueños de aquel negocio familiar, muy rara vez hacían alguna aparición por el almacén, estaban más centrados en las naves de producción y en empolvarse la nariz con asiduidad. Las horas extras se nos pagaban en negro, cosa que he de reconocer que no me extrañó en absoluto, pese a lo que algunos trabajadores, al parecer privilegiados, puedan pensar al respecto. Por desgracia, los verdaderos secretos estaban aún por desvelarse, más enrevesados si cabe, que los agradables pasillos perfumados por los que vagaba a mi antojo, y del mismo modo, su olor no era tan agradable.

Los tres herederos de la empresa, tenían esta partida en tres fragmentos, con sus tres respectivas denominaciones y registros mercantiles específicos. La cosa era sencilla: podías pasar tu vida al completo trabajando en aquel mismo lugar. Simplemente, cuando tras doce meses de trabajo continuado en una de aquellas denominaciones fiscales, la ley les obligaba a ofrecerte un contrato indefinido o a deshacerse de ti alegando falta de carga de trabajo, te despedían de una de las tres empresas y te contrataban en la otra. Volvías entonces a convertirte en peón sin antigüedad ni los privilegios que otorgan el paso de los años de servicio, ya sean por el paso del tiempo sin más, o por el aumento de categoría dentro de la escala de los desamparados que se mueven en el panorama profesional más elemental y olvidado por las clases políticas. Pese a todo, parecía haber habido algún momento en los orígenes vitales en que se fletó por vez primera aquel bajel pirata de los negocios, en que las cosas no fueron exactamente de ese modo. Probablemente el fundador de la industria familiar no había sido totalmente de la misma forma de pensar que sus hijos, por lo que había entre nosotros un reducido grupo de cuatro o cinco empleados que por hallarse en aquella aventura desde sus inicios o vete tú a saber, ostentaban el gran privilegio de poseer contratos indefinidos y ciertos puestos de mediana responsabilidad por llamarlo de algún modo. A todas luces, aquella moda fue pasajera, y ya no se casaban ni con sus propios familiares, al menos con los familiares no consanguíneos que en escaso número, tuve el conocimiento de su triste pulular por aquellos lúgubres parajes.

Una mañana de almuerzo veraniego, sentados en una acequia frente al almacén, pitillo en mano tomábamos una corta siesta a la sombra de los árboles frutales que circundaban el lugar. De pronto, un cochecillo utilitario y de color rojo para más señas, se detuvo en el parquin delantero, justo frente a nosotros. Apenas se dejó de escuchar el motor cuando se apearon dos chicas jóvenes, elegantes pero no ostentosamente vestidas, y por qué no decirlo, de buen parecer. Se encaminaron con garbo hacia la panda de paletos que formábamos corrillo a la sombra, y pronto entablaron conversación con nuestros extrañados y adormilados oídos. La cosa comenzó al más puro estilo vendedor de enciclopedias a domicilio. En un tiempo record ya sabíamos quiénes eran, cómo se llamaban y a qué se dedicaban. El movimiento sindical acababa de hacer su primera aparición estelar en aquel negocio dejado de la mano de todos los dioses a los que alguna vez se rezó. Pronto, su locuacidad y lo extravagante de sus comentarios, hizo arremolinarse a su alrededor a muchos de los trabajadores, del mismo modo que el circo atrae a la chiquillería con sus luces y músicas estridentes, al hacer su alegre entrada a un nuevo pueblo diferente y aburrido en su monotonía urbana. Nadie podía creer que los derechos laborales de los que hablaban pudieran ser reales, era como tratar de convencer a un ser que ha nacido y vivido toda su vida encerrado y aislado del mundo en una torre oscura, del hecho que la brisa del viento mueva las ramas de los árboles cargados de frutos bajo el sol del verano y el cielo azul sin límites. Ellas a su vez, no podían dar crédito a lo que relataban los más intrépidos del lugar. Yo atendía a unos y otras con cierto aislamiento, más por somnolencia y dejadez que por falta de atrevimiento. Expresado de otro modo: poco me importaba aquella palabrería vacía e insulsa, pues yo estaba de paso, no hay que olvidar que seguía empeñado en abandonar alguna vez aquel anonimato insípido al que debía llamar vida.

En definitiva, aquel par de chicas tan estupendas estaban dispuestas a apoyarnos en todo: lo primero que necesitábamos era un delegado sindical. Este debía ser extraído de entre los empleados con un contrato indefinido, lo que reducía prácticamente a cero nuestras opciones, ya que los más que escasos poseedores de aquel privilegio digno de seres superiores, eran a su vez manos ejecutoras de las normas internas de aquella cueva de náufragos gobernada por piratas. Una vez lo tuviéramos, nuestras compañeras se encargarían de formarlo, previa afiliación, en todos los entresijos de los derechos laborales ganados a través de los años con sangre, sudor y lágrimas. Él sería el enlace entre la empresa y sus trabajadores, es decir nosotros, pobres almas descarriadas. Qué era aquello de que nos obligaran a coger la mitad de las vacaciones anuales en plenas fiestas invernales, con los días libres pagados que perdíamos en consecuencia. Cómo que nos hacían coger la segunda quincena de vacaciones pagadas veraniegas haciéndola coincidir con el máximo de días festivos locales y nacionales para lograr el mismo efecto que con la otra. Qué era aquello de no declararse legalmente las horas extraordinarias, con el perjuicio sobre nuestras cotizaciones y el delito fiscal atroz que conllevaba. Qué te iban cambiando de empresa para no hacerte nunca un contrato indefinido. Qué nunca ascendías de nivel profesional. Qué no había voz para delegados sindicales de ningún tipo. ¡¿Cómo?! Todo eso tocaba a su fin. El único de los cuatro o cinco fijos en plantilla que no tenía un puestecillo algo superior en la escasa jerarquía del negocio en cuestión, se alzó decidido de entre la masa. Aunque algo en su expresión delataba cierta duda, él lo haría por todos, aquella misma tarde iría a la sede sindical en la ciudad cercana y comenzaría el proceso de formación y regularización de nuestros derechos como trabajadores, aún más, como seres humanos dignos, capaces de luchar por lo que nos correspondía sin dejarnos avasallar por el patrón opresor. ¡Arriba la libertad!

A la mañana siguiente, cuando nuestro joven guerrero se encaminó a su puesto habitual, la encargada de su sección le avisó de que debía pasar por el despacho de uno de aquellos devoradores de polvo blanco que gobernaban con mano de hierro el lugar. Todo lo que le esperaba allí era la carta de despido que debía firmar y un talón con la indemnización pertinente fijada por el abogado de la empresa en concepto de despido improcedente. El hecho de no discutirle tan siquiera que el despido no estaba legalmente fundado, supongo que fue la forma de agradecerle a nuestro héroe el haber perdido diez años de su vida laboral en aquel agujero. La noticia corrió como la pólvora y fue entendida como un castigo ejemplar. No se volvió a hablar del tema, al menos entre gente que no fuera de total confianza. El efímero movimiento que llegó con ropas bonitas y estivales flores en la cabeza, terminó como cortejo fúnebre adornado con otro tipo de piropos. Muchos despertaron de un sueño para descubrir que continuaban en la húmeda y fría lobreguez de la desolada torre, a otros, ya empezaba a no sorprendernos nada.

Había llegado a mi puesto frente a la máquina justo en el segundo en que esta se ponía en movimiento. La encargada, que ya estaba allí dispuesta a ocupar mi sitio, me lanzó una mirada benévola pero que encerraba la recomendación: "Ahora todo ha cambiado, se acabó almorzar en el bar de vez en cuando, esto no es el almacén, aquí funcionamos con la puntualidad de un reloj". Bueno, por esta vez me había librado, pero capté el mensaje a la primera. La cosa se había torcido aún más. Al hecho de no haber recibido ni una sola oferta de empleo relacionada con mis estudios, se unía el fin de mi temporada como empleado de almacén, por lo que se me había despedido y vuelto a contratar. Esta vez me había tocado producción. Ya llevaba varias semanas de ruido, grasa y velocidad terminal en la movilidad de los productos manufacturados. Tuve tiempo sobrado entre los bramidos y chirridos metálicos, de acordarme de algunos de los pioneros personajes que prostituyeron la psicología moderna tratando de inventar algunas opciones aplicables a la productividad, y así lograr hacer actuar al hombre como una parte más de la máquina. También me acordé de sus madres, dicho sea de paso. De nuevo mi plan maestro primigenio había comenzado a cobrar mayor intensidad en mi mente cansada, cada vez más desilusionada y desesperanzada. Las extrañas situaciones con las que me topaba, me forzaban a ponerlo en práctica: Huir.

En aquel lugar, estar esclavizado a la máquina no era una metáfora. Entre otras muchas cosas que si contara tal vez se tomarían a broma, había una que implicaba el solo poder hacer uso del servicio a las horas de parada en la producción, a saber: almuerzo, comida y final de la jornada laboral. Ni qué decir tiene que era algo totalmente incompatible con haber almorzado en el bar ayudando a los alimentos en su bajada al estómago mediante un par de cervezas. No llevaría en mi puesto más de tres horas cuando ya no podía mantenerme erguido, los productos seguían pasando por la correa sin detenerse y el dolor en la vejiga era tan enorme, que ya alcanzaba todo mi abdomen. Sabía por experiencia propia anterior, que suplicar no servía de nada, la encargada, a los ruegos de necesito ir al servicio, siempre respondía sonriente con un "venga aguanta que ya queda poquito". Me encontraba al borde de la muerte o de hacérmelo encima cuando un fuerte chirrido, más aún de lo habitual, me indicó que algo serio pasaba. En algún lugar allende mi puesto, los productos se amontonaban y saltaban como locos en radical frenesí de liberación, alejándose de la maquinaria que los oprimía como a mí. Todo se detuvo automáticamente y, peones, encargada, aspirantes a encargadillos como los hay en todas partes, y supongo que también alguien que hiciera las veces de mecánico especialista contratado como peón, se acercaron para tratar de deshacer el enredo convertido ya en amasijo informe. Era mi oportunidad, el atasco había dejado mi puesto libre de ocupaciones y responsabilidad por la falta de material que recoger y acumular ordenadamente en su respectivo montón. Salí corriendo sin mirar atrás hacia la escalera de caracol que unía la sala de máquinas de aquel barco, con la cubierta de letrinas en el piso superior. Casi no podía ni andar. Rogué que no estuviera ocupado por algún infeliz de las oficinas que allí arriba se encontraban, alcancé el pomo de la puerta y lo accioné. Solo giró mi mano sobre la empuñadura. "¡Ocupadoooo!", exclamó una voz desde el infierno. Alternando el peso corporal de un pie al otro, esperé desesperado, loco, iba a reventar en aquella cárcel miserable. Cuando la puerta se abrió al fin, solo pude fingir una sonrisa de estreñido para responder al saludo del peón oficinista. Como perseguido por el peor de los monstruos jamás soñados, me lancé a la humedad cálida de aquel apestoso lugar. Me vacié como nunca lo había hecho, todo mi ser, licuado como si hubiera sido digerido por los jugos gástricos de un insecto devorador de hombres, salió al exterior y desapareció por el retrete. Solo quedó de mí una especie de cascarón vacío. Por fin, que bien me sentía, la pesadilla había tocado a su fin. La vida volvía a mí al tiempo que el dorado líquido se liberaba.

A mi regreso la máquina funcionaba como si nada hubiera pasado hacía unos pocos minutos. Con aspecto serio y taciturno, la encargada ocupaba mi puesto mientras los productos circulaban a su velocidad de vértigo habitual. Rápidamente me acerque a ella y traté de justificar mi ausencia. Ella se marchó sin prestarme atención, cosa que no me extrañó por no ser nueva en su repertorio. No recuerdo ni que se dignara a mirarme. Llevaría unos cinco minutos de nuevo en mi armoniosa labor, cuando se aproximó a mí uno de aquellos tres dulces calaveras que gobernaban duramente la escuadra dedicada a la piratería laboral. Muy serio me miró fijamente y a modo de sentencia me dijo: "Esto que no vuelva a pasar". Y se marchó sin atender a explicaciones. Tampoco valía la pena intentar darlas. Era algo que aún debía aprender: No te molestes en dar explicaciones, ni las quieren, ni les importan lo más mínimo. Y en efecto, no volvió a ocurrir. Terminé el mes y me marché a buscar viento fresco que hinchara mis velas. Con toda seguridad podría encontrar puertos mucho más propicios a mis intenciones vitales. Mi viaje laboral acababa de dar un nuevo comienzo adquiriendo una forma que jamás había poseído. Diferentes y mejores vientos me estaban esperando con toda seguridad para dirigirme en línea más o menos recta hacia ellos. Los retos que pudiera encontrar serían afrontados con energía sin límites.

47

Quisieron aquellos vientos encaminarme hacia el primer enchufe de mi vida, si no contamos aquella muy lejana fábrica en la que se jubiló mi padre. En ella contrataron familiares de empleados a modo de favor como expliqué, para ocupar puestos que como sabemos no requerían ninguna cualificación. Esta vez el enchufe tenía miras mucho más altas, ¿acaso no había yo comenzado a merecer algo de atención por parte del mundo laboral especializado? Aspiró el destino a ofrecerme una solución laboral de algún valor, al menos en apariencia. Trabajaba la hermana de mi novia de aquellos tiempos, en un puesto que la relacionaba con numerosas empresas potencialmente contratantes. Una de estas le debía un favor por haberles conseguido un convenio que les iba a aportar buenos beneficios, económicos y productivos, y ella, con toda la confianza en aquella oportunidad pensó en mí como el destinatario ideal de aquel favor. Me explicó que un gran hombre de negocios iba a dar una charla en el lugar de trabajo de mi amiga. Quería este captar la atención de nuevos empleados, y dar a conocer los proyectos futuros de inigualable calidad que tenía pensado llevar a cabo mediante su corporación. Aquel personaje idealizado estaba al corriente de la petición y de mi asistencia a la clase magistral que pensaba realizar, por lo que al final de su exposición, iba a ser tan amable de dignarse a hablar conmigo para tratar de encontrarme un puesto adecuado a mis características y sus necesidades.

Siguiendo las instrucciones dadas al pie de la letra, abandoné mi aspecto descuidado de artista fracasado y por una vez, ya que la ocasión lo requería, me engalané con las muy escasas y evidentemente baratas prendas que formaban mi fondo de armario más elegante. Quizá sería más acertado denominarlo foso de armario, debido a que la escasez de prendas en este era tan extrema, que se podía escuchar hasta el eco de tu propia voz si hablabas con la cabeza en su interior. En fin, que haciendo lo que pude respecto a la indumentaria, y ayudado por el casco de moto que consiguió dominar algo mis pelos cortados para el evento, no así peinados pues ya hubiera sido demasiado artificial, allí que me dirigí cargado de esperanzas una vez más, pero con la seguridad que ofrece saber que vas recomendado, gracias al pacto acordado de antemano. Era una agradable sensación nueva para mí el saber que tienes cierta ventaja respecto al resto de candidatos en potencia. Curioso.

La sala era sobria y sencilla: varias filas de sillas unidas y poco mullidas formaban una especie de pequeño teatrillo de pueblo, enfocadas hacia un escenario de apenas un palmo de alto, y con una pizarra blanca en el fondo que al parecer iba a hacer las veces de pantalla de proyección. La cosa empezaba bien. Me encanta el teatro. En realidad todo espectáculo que se realice en el más riguroso directo: danza, ópera, conciertos musicales de todo tipo… Aquel saloncito tenía una magia especial con su iluminación tenue. Por las diminutas dimensiones del recinto, parecía estar a punto de comenzar una representación de teatro negro.

Para pasar por persona discreta y sin afán de notoriedad o peloteo como de hecho lo era, abandoné la idea de ocupar las primeras filas como hubiera hecho en ocasión más artística, y me camuflé entre los asistentes que ya comenzaban a tomar asiento. Elegí el término medio, sin estar al final del todo como los pasotas de escuela y junto al único pasillo lateral, para en cierta forma dejarme ver. Que el orador pudiera comprobar que su enchufada cita le esperaba allí, muy seguro de sí mismo pero discreto, el secreto entre ambos estaba bien guardado dentro de mí, él tenía todo el tiempo para representar su papel. Creo que no fue necesario hacer nada para dejarme ver discretamente. Para empezar era el único que a todas luces se había disfrazado para la ocasión, o al menos eso había pretendido, y mi edad rebasaba con mucho la media de los demás asistentes pulcramente peinados. Cada vez me sentía más incómodo enfundado en aquel uniforme escogido de entre mis harapos. Pero en fin, la función iba a comenzar, yo tenía mis cinco sentidos y hasta un sexto si acaso existe puestos en ella. La esperanza, y hasta cierta seguridad, me mantenían firme.

Jamás en toda mi vida he asistido a acto de cualquier tipo tan aburrido, insulso y corporativista hasta lo insufrible como el que se representó ante mis ojos. Mi contacto, elegantemente vestido y peinado, nos soltó la mayor sarta de sandeces y autoelogios que se hayan mencionado en discurso alguno al que haya tenido el honor de asistir, todo ello aderezado con fotitos de las instalaciones del centro para el que trabajaba y de sus planos sobre planes de futuro. Se autoensalzó de tal modo, que debió lamentar no poder girar su cuello ciento ochenta grados en redondo, a la vez que arqueaba su espalda como un puente para poder besar sus propias y bien formadas posaderas. Realmente fue un auténtico espectáculo, pero no de teatro negro, aquello rozaba lo tenebroso, aún más, lo macabro. Y yo que creía haberlo visto todo. Ya nada me hacía albergar esperanzas de llegar a buen término con aquel personaje de telenovela sin originalidad.

Cuando al fin se dignó a dejar de deleitarnos con sus explicaciones, llegó el turno de las preguntas, que excluiré de mi relato por ser evidente de qué calaña fueron, dado el nivel de la charla. Ya la sala comenzaba a clarear amenazadoramente, cuando reparé en un pequeño ser de género femenino que remoloneaba alrededor de la eminencia, como una mosca alrededor de su manjar preferido. Pese a su en apariencia insignificante figura, parecía bastante más activa y espabilada que su mentor. Ella, al parecer enterada de lo que allí se cocía, se fijó en mi persona, y diciéndole algo al oído a su maestro, este se encaminó hacia mí con largas y rápidas zancadas. Preguntó si yo era quien debía de ser, y tras ser verificado por mi parte, alargó su mano hacia mí. En cuanto estreché aquella mano y sentí el extraño apretón por su parte, en una de esas forzadas posiciones que alguien, en algún momento y por algún motivo se inventó que tenían un significado concreto de cara a la forma en la que cada cual debe darse a conocer, comprendí que todo había terminado. En efecto no me equivocaba. Ya no pude pronunciar ni una única palabra más aparte de gracias y adiós al final. Aquel pedazo de esperpento me lanzó en plena cara un discurso enlatado de frases hechas y repetidas hasta la saciedad por memos como él a decenas de desgraciados como yo. Hablando de modo rápido y convincente cual vendedor experimentado, trato de apabullarme a simplezas, objetivo que no logró gracias a mi facilidad para desconectar de discursos tan estereotipados y ridículos como aquel. Su voz, no así el discurso que yo no escuchaba por haberme aislado como receptor del mensaje, fue en aumento tanto en velocidad como volumen, hasta semejarse a la de un encargado de captar clientela en una tómbola de feriantes. Tras terminar en seco, como un frenazo, se despidió, alejándose en el acto tan rápido como había llegado. Si su intención fue avasallarme, lo había conseguido, pero a base de generar en mí una enorme vergüenza ajena ante tamaña estupidez y fanfarronería. Mientras se alejaba seguido por su súbdita abnegada, no tuvo ni la templanza de alma suficiente para dejar que la distancia nos separara, a fin de que no pudiera escuchar su comentario final: "Pero si ni tan siquiera tiene estudios".

Que aquel espantapájaros pusiera en duda mi nivel intelectual era algo que tras haber presenciado su función en el teatro para variedades, sencillamente me importaba bien poco. Lo que sí me molesto hasta las profundidades de mi alma fue el hecho de que tuviera razón. Necesitaba un nuevo cambio de estrategia, en efecto, hablar un idioma siendo poseedor de un título oficial no era gran cosa.

Las últimas noticias que recibí sobre nuestro actor, llegaron de la mano de la amiga que me brindó aquel mi primer enchufe. Conseguido ya el importante contrato laboral y la firma del consecuente convenio, nuestra estrella había logrado sus bien marcados objetivos. No habiendo dado señal de vida alguna respecto a mí como por otro lado ya esperaba, se dignó tiempo después a mandar un obsequio por correo ordinario a mi amiga, a modo de agradecimiento por el favor, ya que ella sí había cumplido con su parte del pacto. Me pareció increíble el grado de vulgaridad al que pudo llegar aquel pedante al enterarme posteriormente del sabroso regalo ofrecido. Dentro del paquete cariñosamente envuelto eso sí, había una bolsa de caramelos con el logotipo de su empresa, no miento amigos, de esos que suele haber en las recepciones de cualquier oficina a modo de corporativa y dulce bienvenida. Todo un caballero.

48

Supongo que por aquello de que las desgracias nunca vienen solas, parece que los enchufes tampoco. Fuera como fuere, quiso el destino laboral darme otra oportunidad. Llegó de forma similar, supongo que este tipo de cosas siempre funcionan así, y por supuesto yo estaba preparado para no desaprovechar la memorable ocasión.

Las instrucciones venían ahora de parte de un amigo de mi pueblo metido en aquellos fandangos: Debía presentarme el día A; con la documentación personal B; ante la persona C; y accediendo a ella a través de la puerta D. En plena forma física y mental, bien vestido pero sin forzar la situación por no cometer errores pasados, hacia allí me encaminé el día pactado. Entré al edificio por la puerta E. Debo decir en favor mío y en honor a la verdad, que el inmueble se hallaba en obras de rehabilitación, por lo que pudo ayudar a mi confusión, más si añadimos a ello mi natural nerviosismo hacia lo desconocido. En aquel lugar aceptaron mis datos y aptitudes con naturalidad y buenas formas. Fui bien tratado y pareció que se alegraban de ver entrar a alguien con toda la documentación en regla, lo que les facilitaba y agilizaba la labor. Ni qué decir tiene, que de la persona C no tenían noticia alguna, pero aceptaron mi solicitud de buen grado. Minutos más tarde, al llegar a casa, mi novia acababa de recibir el telegrama que me indicaba donde empezaba a trabajar al día siguiente. Había llegado la buena nueva a casa antes que yo.

Todo apuntaba a que la cosa iba en serio. Necesitaban mis servicios. Por su puesto nada tenían que ver con mis queridos estudios pero… ¿Qué podía hacerle? Acababa de comenzar mis andanzas por el mundo del empleo estatal.

Lo que comenzó al día siguiente como una locura de información y cosas que aprender rápido para poner en práctica ya, se convirtió en un par de semanas en el mejor empleo que había logrado hasta la fecha. La forma en que se respetaban los derechos del trabajador en aquel lugar era sencillamente increíble. Descubrí que existían entresijos y beneficios en el mundo de los peones que no podía haber tan siquiera imaginado. A modo de ejemplo, diré que el tiempo de almuerzo no debías recuperarlo más tarde, estaba incluido en la jornada, y tenías varios días al año libres que te podías coger cuando mejor te pareciera. ¡¿Os lo podéis creer?! Yo, viniendo de donde venía no podía. Eso sí, existía una máxima idéntica a la del resto de ocupaciones de esta ralea y a la que estaba ya más que acostumbrado: "No te pagan por pensar, es lo que hay, cumplimos ordenes…". Para mí modo de ser y pensar había una muy importante también, y que se daba en aquella empresa a la perfección: "Vive y deja vivir". Yo siempre cumplí con mis obligaciones y a cambio no se me importunó en nada. Mi opinión seguía sin tener valor alguno, pero al menos mi persona sí, no por nada, simplemente por el hecho de dejarme estar. Ya era un gran paso hacia delante. La única pega de aquel empleo era su temporalidad. Para poder firmar el contrato indefinido era una cuestión de estudiar y preparar el examen que te daba derecho a optar a una plaza fija. ¿Pensáis que aquello me amedrentó? Ya sabéis que no. Desde el primer momento me puse a ello, buscando temarios de estudio e información sobre futuras convocatorias. Era una buena oportunidad para poseer un puesto de trabajo estable en el que las cosas parecían funcionar legalmente, cosa poco habitual dicho sea de paso, e insisto de nuevo, pese a lo que muchos privilegiados de los paupérrimos submundos laborales puedan llegar a creer. Todo es ponerse para poder llegar a conocer, pero no le deseo a nadie algunas experiencias que basta con aprender de oídas.

Era un trabajo que me dejaba las tardes libres, por ser la jornada intensiva por la mañana. Me permitía tiempo por primera vez en muchos años para dedicarme a mí: leer, escribir, salir a pasear, preparar las futuras pruebas… Además, era del mismo modo la primera ocasión en toda mi vida laboral en que podía levantarme no más pronto de las siete. Eso fue una de las cosas que más me impactaron.

Los contratos fueron muchos y los lugares de trabajo variaron por diferentes pueblos, pero el ritmo y función eran idénticos, una vez cogido el truquillo en aquel primer par de semanas, todo fue rodado. Cuando empezabas contrato nuevo en un lugar nuevo también, siempre generaba algo de estrés, cosa que era muy frecuente en mí, pero la verdad es que la ansiedad que me generaba lo inexplorado se me pasaba en apenas unos pocos minutos. Soy de fácil habituación al entorno, y me adapto en seguida a situaciones en constante cambio. ¿Acaso tras unos minutos la situación no deja de ser desconocida? De cualquier manera, si podía parecer una persona tímida el primer día, el segundo ya no lo parecía tanto, y por supuesto el tercero ya formaba parte del grupo. Por desgracia, muchas veces ese tercer día era el último del contrato, pero qué le iba a hacer, solo me quedaba volver a empezar una vez más. Otra ventaja se iba añadiendo a medida que avanzaban los meses, y es que cuanto más trabajabas, más te conocían y más te seguían llamando para ofrecerte empleo, lo que te llevaba a repetir los lugares por los que pasabas, generando a su vez amistad y confianza con las personas que allí se encontraban fijas en su labor, y eliminando así la ansiedad preliminar al convertirla en la seguridad de lo habitual y de ir a pasarlo bien.

Así fueron trascurriendo los meses hasta que conseguí plaza fija yo también. En un principio algo lejos de mi casa de aquellos tiempos, pero pronto pude pedir el traslado, acercándome a ella y trabajando en el mismo pueblo en el que residía. Pero, veo que me adelanto con esta historia a otros acontecimientos importantes que tuvieron lugar al mismo tiempo en que sucedían todos estos cambios en mi forma de vida laboral. Sucesos que son necesarios para llegar a entender mi situación actual.

49

Tenía firmado un mes entero en la misma oficina de trabajo. Puede parecer poco tiempo, pero un mes seguido en el mismo lugar da para muchas cosas. Ahh, creo que todavía no he dicho en qué consistía mi nuevo empleo. Me dedicaba a repartir cartas y productos relacionados. Era un cartero de reparto motorizado, literalmente motorizado, ya que por regla general, que no siempre, mi reparto lo realizaba sobre una moto. Fueron tantos los contratos temporales, que me dio para conocer también la variedad a pie y en coche, pero las motos y yo siempre hemos tenido una íntima relación en todas las facetas de mi existencia, no iba a ser menos en esta.

Como eternamente he sido dado a la lectura de todo tipo, había ido expoliando las estanterías de todos los lugares con los que tenía relación, casas de padres, amigos, conocidos… Siempre, como ya dije, tuve vocación de poeta, lo que me llevaba a tener normalmente un par de libros en marcha: el de poesía para los momentos cortos y el escrito en prosa para los largos. Por casualidades del destino, cayó en mis manos un libro escrito por un famoso médico que era además amante de la historia, lo que le había llevado a escribir sobre hechos reales en los momentos en que no ejercía su profesión principal o escribía sobre ella. Esto, siempre por casualidad, hizo que prestara atención a los libros de historia con los que mi pareja había estudiado en la universidad, y que abarrotaban nuestra residencia de aquellos días.

Pronto estaba metido de lleno en los enormes volúmenes de material utilizado en las facultades para la enseñanza, a un nivel superior, de la materia en cuestión que había llamado mi atención. Como las tardes eran ahora plácidas y largas, el conjunto de acontecimientos ocurridos, digamos que reavivó en mí un sentimiento que me había acompañado perdido en los límites de mi conciencia desde el fatídico día en que abandoné el instituto tanto tiempo atrás. Acababa de superar con éxito los exámenes de mi actual empleo, y estaba en espera de que se me otorgara una plaza fija en cuanto la lista llegara por orden de puntuación hasta mi nombre y apellidos. La cosa era tan evidente que era imposible no verla: Solo tenía que continuar leyendo como tanto me gustaba hacer vespertinamente, pero presentarme después a poner por escrito en una prueba mis conocimientos sobre lo leído. La idea que siempre estuvo ahí, había por fin germinado gracias al agua y al abono laboral de aquel momento. Tiempo y estabilidad eran más que necesarios para mi antigua empresa jamás olvidada, y ahora los tenía a ambos.

Mi sino me había lanzado hacia aquel contrato de todo un mes, y hacia el reparto cerca del mar. Aquella brisa salada de mi infancia, me hacía revivir tantos momentos de desesperada lucha por salir del agujero vital que parecía haber sido cavado para mí. Justo con mis medidas exactas… Cuántas cosas había intentado ya, y cuántas más debía intentar… No podía dar la vida por concluida, no podía resignarme a la perpetua asolación espiritual. Estaba vivo y dispuesto a defenderme frente al ostracismo al que parecía arrastrarme una sociedad en la que no hallaba mi lugar y destino.

Como decía, un mes te da muchos días para pasar por el mismo lugar dejando las cartas de turno, y cosa de la casualidad una vez más, iba un día sí y otro también a dejar papeleo oficial a un instituto que tenía el privilegio de estar construido frente al mar. En una de aquellas ocasiones, y con la idea en mente cada vez más intensa de volver a intentarlo, pedí consejo en la secretaría del instituto. La chica que allí trabajaba me dijo que era decisión mía, pero que podía encontrar muchas opciones. Acto seguido, me regaló el libro de bolsillo que ellos repartían a los alumnos de último año para orientarles en el comienzo de sus estudios superiores. Con este en el bolsillo de la chaqueta, continué mi reparto bastante animado y lleno de ilusiones.

La tarde fue intensa. Hice todo tipo de cábalas. El primer paso sería el acceso a la universidad. Estábamos apenas a principios de año y las pruebas eran para primavera, así que debía apresurarme para que no se me hiciera tarde. Lo mejor era tomarse las cosas con calma premeditada pero sin pausa ni paradas, y de ese modo comenzar a juntar información y temarios para asegurar el éxito en mi nuevo proyecto vital. Así lo hice, tranquilamente fui preparando mi plan maestro. Mucho del temario oficial, no me era desconocido debido a mi natural curiosidad y a no haber abandonado nunca del todo el deseo de conocer. Nada podría detenerme. Había llegado el momento de poner en práctica el verdadero sentimiento que tanto tiempo había estado medio aletargado pero nunca dormido en el fondo de mi mente. Ya era hora de afrontar la realidad desde su base. Debía llevar a cabo mi auténtica vocación.

50

Estaba seguro, iba a morir, o por lo menos a terminar desmayado en el suelo en espera de una ambulancia medicalizada. La mañana había comenzado normal en mi oficina de trabajo, era otro principio de semana que nos hacía ir arrancando lentamente del descanso precedente. Tal vez el problema era que yo no había tenido descanso. Acababa de pasar mi segundo fin de semana de exámenes de acceso a la universidad, y a esto había precedido todo un proceso de esfuerzo supremo, estudiando a lo bestia y sin tregua durante la mayor parte de mi tiempo libre, con el fin de asegurarme el deseado triunfo. La tensión autoimpuesta por las altas expectativas, depositadas en el empeño de salir del anonimato del imperceptible peón, me habían llevado a no darme tregua ni un solo segundo. Había dedicado cada momento de los meses precedentes a recopilar información, prepararla, optimizarla para el estudio y repasarla una y mil veces con su consecuente memorización. Me había enterado al máximo del proceso. Había entrado en contacto con los profesores encargados del maravilloso evento cultural llevado a cabo en la universidad, para aclarar todas las dudas. No me había permitido dejar nada al azar. Todo salió rodado según lo establecido sin reparar en esfuerzo o pérdida de horas dedicadas al descanso.

Lo que había comenzado como una sensación de vacío en el estómago y un ligero vaivén en el punto de equilibrio corporal, se convirtió a la hora de almorzar en un sudor frío que se desplazaba gota tras gota, resbalando por mi pálida cara, y en un temblor incontrolado de manos y dedos. No podía dar un solo bocado a mi comida en forma de bocadillo. Mis compañeros comenzaron a preocuparse. No era normal en mí aquel aspecto tan blanco, ni permanecer tan callado durante los trabajos que realizábamos conjuntamente al inicio de la jornada. Había pasado la mayor parte del tiempo actuando como un autómata, sin dar mi opinión respecto a nada de lo que hubiera ocurrido en el normal devenir de una mañana cualquiera.

El médico de urgencias lo encontró lógico en extremo y me aconsejó tomarme las cosas con más calma, algo que para mí no había sido posible. Tantas eran mis ganas de poder sentirme alguien laboralmente hablando, tantos desprecios y miserias acumulados por mi extensa experiencia profesional asimplada por la falta de estudios. Todo me impedía la calma, la paciencia o el sosiego de espíritu. Llevaba años sintiéndome un alma en pena que vagaba en la eternidad sin objeto ni presencia física. Debía salir a un mundo con oportunidades para mí, y esta vez no iban a poder decirme los papanatas de siempre que no tenía cualificación alguna. Por el momento fue el doctor quien me dejó salir de su consulta con la receta de unas pastillas que resultaron ser mágicas para mi mal. Me tomé una, y al momento la vida tenía otro color, todo era maravillosa calma. Estaba más seguro que nunca de que todavía quedaba espacio para mis sueños e ilusiones en este mundo. Del mismo modo, tenía la total certeza de haber aprobado sin problemas y con buenas calificaciones los exámenes realizados hacía nada, y estos me abrían de par en par las puertas de la tantas veces soñada universidad. Todas las facultades me esperaban con los brazos también abiertos para recibirme con alegría y afán de cultivarme. Ahora debía elegir bien la carrera que más me gustara, pensando en que se acoplara a mi carácter e inquietudes, pero que al mismo tiempo me ofreciera unas metas laborales interesantes a largo plazo. Se acabaron los errores. Como dije anteriormente, mi pretensión humana no era acumular riquezas y fama, solo quería un trabajo que me hiciera sentir útil, en el cual mi voz y opiniones fueran valoradas e interesantes para los demás semejantes. Mis padres se habían ofrecido ya a ayudarme económicamente si me denegaban la beca de estudios. Tanta era su alegría de verme intentarlo como la mía de poder hacerlo. Jugaría bien mis cartas. Demasiado tiempo había transcurrido ya y demasiado faltaba todavía para alcanzar mi meta, pero mi edad no era tan avanzada como para que fuera tarde e inútil mi esfuerzo. Con una alta probabilidad este sería mi último cartucho, mi as final oculto en la manga, mi jugada perfecta para demostrarme a mí mismo, a mis familiares y amigos, y al mundo entero si era necesario, que yo estaba aquí, dentro, junto a todos los demás, mecanismo perfectamente embadurnado de aceite y dispuesto a rodar afinadamente, entregando a la humanidad lo mejor de mi ser, todo el potencial de mis virtudes aletargadas durante años en las profundidades oscuras de mi atormentada alma. Las cosas más importantes que en mi mano pudieran estar para hacer la vida mejor y más adecuada, serían una prioridad para mí, podría incluso tratar de ayudar a que otros jóvenes perdidos no cometieran los errores que me llevaron a este círculo de desesperación. Lo haría con calma, pero al tiempo le daría una dedicación esmerada, no debía forzar la máquina como había hecho con el acceso universitario, tenía que asegurar el plan. Repartiría bien la materia a estudiar, impidiendo así que el trabajo se me acumulara hasta el punto de desbordarme, llevándome irremediablemente a una sobrecarga que lo único que podía producirme sería fracasar y hacerme perder cursos inútilmente. Era cuestión de matricularme solo de lo que estuviera seguro de aprobar, no teniendo así jamás que ir a recuperaciones en septiembre, lo que me daría un descanso veraniego para recargar mis energías.

Supongo que a estas alturas sobra decir que no lo hice así. Me lancé a muerte en mi ascenso cultural. No descansé ni un simple momento. Si me picaba la cabeza pero debía pasar a la siguiente hoja del libro que tenía entre manos, esta era lo primero, ya habría tiempo de rascarse años después. La beca de estudios me fue concedida sin incidentes importantes. Me dediqué a un encierro de ermitaño que me llevó a finalizar mis estudios en un tiempo y con unas calificaciones record para una persona que lo hacía cansado tras una jornada laboral. Saqué todo el jugo al tiempo que me dejaban el trabajo y el sueño reparador, para asegurar los continuos aprobados. Tanto era así que en consecuencia no solo tenía éxito, sino que además las calificaciones eran buenas. Como en los viejos tiempos el notable venía a mí. La única diferencia respecto a aquellos años de juventud e infancia, era que yo también le buscaba a él. Desaparecí del mundo entre veranos, no me permitía ni un día de descanso. Me atrevería a decir que únicamente no dediqué al estudio dos únicos días en todo ese tiempo, y ambos por fuerza mayor al encontrarme resfriado y con mucha fiebre. Toda mi vida giró en aquellos años alrededor de mi objetivo trascendental de progreso. Solo deseaba terminar mis jornadas laborales para poder volver a casa y estudiar hasta la hora de dormir. El mundo pareció en cierto modo difuminarse a mi alrededor. Todo giraba en torno a mi preparación, la vida era algo que debía dejar de lado, aparcada lejos de mí durante el tiempo suficiente para terminar y hacer una reaparición triunfal como un hombre nuevo, culto oficialmente y preparado para todo lo que el futuro me pudiera tener reservado.

El resultado fue excelente. El viaje duro pero la meta cumplida. Tenía estudios superiores. Nada ni nadie iba a ponerlo en duda jamás. Era poseedor del papel oficial que el estado otorgaba por ley, a quienes habían alcanzado el nivel de cualificación adecuado y exigido para poder ejercer una profesión. Me había licenciado.

51

Una enorme luna llena se elevaba entre las dos partes más altas que, a modo de chatos torreones, finalizaban la forma de U invertida que caracterizaba al viejo edificio. Respecto a mí, se hallaba un poco hacia el lado derecho de la estructura puntiaguda que remataba la entrada principal. Se la podía ver aún muy enrojecida por haber terminado apenas unos minutos antes su baño diurno en el mar. Justo frente a ella y mucho más allá, en la curvatura del planeta, un tenue resplandor emblanquecía aún la oscuridad del cielo. Alguna estrella más madrugadora, se asomaba tímida en las alturas, deslumbrada por las luces de la ciudad. Con las llaves del coche en la mano, di una última mirada a la histórica construcción, una ojeada final a modo de despedida. La apenas comenzada noche era templada pese a la estación de principios de año. Mientras me quitaba la chaqueta para montar en el viejo vehículo destartalado y de blanca pintura en casi total extinción, miré hacia las ventanas tras las cuales había estado aprendiendo un tiempo. Allí dentro todo parecía seguir su ritmo a pesar de mi ausencia. Como en tantas cosas antes, sino todas en mi vida, todo parecía efímero, no había sitio para mí. En la avenida el tráfico era fluido, su sonido monótono me alcanzaba como las olas al llegar a la playa cercana, desde la cual la luna se levantaba para saludarme.

Había elegido a conciencia el lugar en el que llevaría a cabo mis prácticas de final de carrera. Ya un curso antes me había hecho con una lista en la que aparecían los centros que tenían firmado convenio con mi universidad. Analizando uno a uno todos los que englobé como dedicados más o menos a la especialización escogida, ese era el ganador. Reunía todos los requisitos que yo buscaba, de hecho, no le faltaba o sobraba ni uno. Era exactamente lo que necesitaba, lo que deseaba y amaba como vocación profesional. Ya desde primer año de estudios intuí que aquel era el camino que debía seguir. Me apasionaba. El paso de los sucesivos cursos solo fue demostrándome lo que ya sabía. Había encontrado mi nuevo y tortuoso sendero en la larga marcha vital y laboral. El domingo anterior a la semana en que presenté mi solicitud formal, para tratar de ser admitido como alumno en prácticas, me acerqué al lugar dando un paseo en mi motocicleta, y al llegar ante su vallado exterior me cautivó de inmediato. Hasta el edificio en sí era perfecto. Una construcción antigua con una larga historia dedicada al servicio y el cuidado de seres humanos. Originalmente solo para niños, actualmente en uso para todas las edades. No importaba, me hacía la máxima ilusión trabajar con niños, pero no me molestaba en absoluto compaginarlo con adultos. Aquel era el lugar, los viejos y gastados ladrillos de la fachada exterior me lanzaban una poderosa llamada psíquica, un silencioso grito para llamar mi atención. Me querían.

Ya con la puerta del desvencijado coche abierta y la chaqueta en su interior, volví a levantar la vista. Me resistía a marchar. Había sido este último día un poco relajado. Por ser víspera de una fiesta importante, el ambiente era distendido. Al final de mi tiempo diario de aprendizaje práctico, mi tutora se había marchado, dejando la puerta de su despacho abierta para que pudiera recoger mis cosas antes de partir. Yo había vagado por los pasillos y salas despidiéndome de quien me encontraba: empleados o pacientes. Había recorrido con la vista todos los rincones por los que había circulado durante ese tiempo. Me había asomado por los cristales de las ventanas que ahora me observaban desde la distancia. Finalmente había vuelto al agradable despacho que miraba al patio interior plagado de plantas, árboles y palmeras, donde tan interesantes conocimientos había adquirido. Tenía un recuerdo extremadamente especial respecto a ese lugar en apariencia tan ajeno a mí ahora: Una tarde, mientras manteníamos una entrevista de reconocimiento en la evolución de un paciente, mi tutora llevándola a cabo y yo junto a ella aprendiendo a hacerlo, esta fue requerida desde otra sala, por lo que me dejó solo frente a dicho paciente que tan especial me parecía, no simplemente por lo interesante de su caso, sino también por su propia y particular personalidad. Tras unos segundos de silencio algo retraído pero no incómodo, el caballero se dirigió a mí con su habla pausada y educada, la cual dejaba ver a todas luces que era un hombre culto y sensible que se hallaba algo abrumado por su problema. Era una persona seria que siempre se había dirigido a sí mismo por la vida de manera metódica y resuelta, una persona que jamás había dudado en la forma de actuar y que había llevado el timón de su existencia con rumbo firme, encaminándole a buen puerto hasta que una inevitable enfermedad le había detenido cerca ya de la jubilación. Mirándome grave e interesado me preguntó: "¿Qué piensa usted respecto a mi problema, podría explicarme no ya la causa, que al ser autoinmune me indican que parece desconocida, sino más bien el porqué de sus efectos?" No daba crédito a lo que estaba escuchando, se estaba dirigiendo a mí, no había nadie más en el despacho. ¿Era posible que un individuo estuviera demandando mi opinión? Sí, lo estaba haciendo, y no solo ponía su confianza en mi persona, su semblante mostraba que tenía fe en que pudiera darle explicaciones convincentes. Había un detalle que aún hacía más interesante que aquel ser humano buscara en mí una segunda opinión: Yo poseía aquella segunda opinión. Se había ido formando en mi entrenada mente conforme iba conociendo los detalles de su caso particular, mis neuronas habían permanecido ocupadas analizando a velocidad de vértigo los datos que mi percepción les enviaba, llevándome a un dictamen general respecto al problema, la lesión que había producido y donde la había producido, las mejores opciones de tratamiento y los pronósticos de recuperación a medio y largo plazo. La duda en mi interior duró apenas unos segundos, tal vez menos, tan de improviso me pillaba aquella novedad intelectual. Apenas organicé mis ideas en la forma de expresarlas, me lancé a ello. En el momento en que iba a abrir la boca para dar las respuestas que se me requerían por primera y ahora sé que probablemente única vez en mi vida, la puerta se me adelantó, dejando paso a mi tutora, la cual ocupó su puesto y continuó con su metódica entrevista. Ahora, de nuevo en ese despacho, en la tarde de mi despedida, recogí mis pocas pertenencias en aquel lugar y crucé sus puertas hacia la salida por última vez.

Incorporándome a la autopista, lentamente me encaminé hacia casa. El mar oscuro e inmenso se hallaba a mi derecha mientras avanzaba alejándome de aquel lugar. Atrás empezaban ya a quedar todos los sueños y esperanzas puestas en mi viejo edificio de piedra antigua, junto con las luces de la ciudad que se iban perdiendo en los retrovisores del automóvil, para dar paso a ese paisaje que me era tan familiar: las acequias y los campos de regadío extendiéndose hacia las desgastadas montañas lejanas y perdidas en la noche creciente, los árboles frutales de un verde oscuro que marcaban los límites entre diferentes manchas urbanizadas... los límites entre la vida adecuada y la mía. Me alejaba una vez más de otro de mis sueños en apariencia imposible. Como todos los demás. Todo parecía difuminarse en la humedad brumosa que acompañaba a la recién nacida noche, demarcando los límites reales a los que mi persona estaba predestinada, vacío y solo entre un tráfico para el que yo era indiferente, personas ajenas que tras sus jornadas laborales regresaban a sus hogares. Y la luna me acompañó a casa...

52

Tras realizar mis últimas pruebas y acabar los estudios, comenzó para mí un verano de lucha infatigable. Nadie iba a vencerme. Ahora ya tenía algo que ofrecer. No tenía la misma prisa y necesidad que en el pasado, ahora, con un empleo fijo asegurado, podía ser selectivo, aún más: exigente. No tenía por qué volver a vivir arrastrado por la consecución de un empleo miserable en el que se buscara gente sin cualificación a la que manipular al antojo, por un jornal mísero y bajo la continua amenaza del despido inminente. Todo estaba de mi parte. Estaba bien acoplado a mi trabajo actual y podía ir lentamente buscando la forma de salir de él como un señor: sin prisas ni agobios, sin presiones de nadie ni de alquileres y facturas que exigieran ser pagadas. Me dediqué a buscar específicamente, todos los lugares relacionados con mi especialización dentro de un radio de acción no extremadamente alejado de mi residencia, aunque al no tener residencia fija, eso tampoco era lo más importante, con cambiar de casa suficiente. Pronto, copias y más copias de mis curriculum vitae saturaron los centros dedicados a la labor aprendida en mis prácticas; algunos iban seguidos de una pequeña charla con el responsable del lugar si estaba disponible, para poder entregarlo en mano como a mí personalmente me gustaba hacer; otros parecían quedar olvidados en cajones o mostradores de recepciones de oficinas varias; aún otros los mandaba por correo electrónico por petición expresa del contratante en potencia... Al cabo comprendí que aquella labor había concluido. Solo faltaba esperar para recoger los frutos una vez el sol en forma de oportunidad hiciera que maduraran.

Transcurrido ya un año, con mi título oficial enrollado en un armario, y sin haber tenido que mostrárselo a un solo entrevistador en busca del perfil adecuado a sus necesidades, empezaron a crecer en mí las dudas. ¿Qué podía hacer ahora? En mi trabajo no tenía más problemas que cualquier otro empleado, el sueldo no daba para nada pero eso era algo a lo que llevaba años habituado. Una nueva estrategia me estaba rondando la mente: Si no me llamaba nadie de momento para dedicarme a lo que tanto deseaba y para lo que tan bien me había formado, podía utilizar la propia empresa en la que estaba ocupado para probar suerte. No se dedicaba a nada relacionado con mis estudios, pero tal vez hubiera alguna plaza en la que pudiera sentirme útil y realizado a nivel personal. Tampoco voy a negar que un sueldo algo superior me hubiera venido nada mal. Acto seguido me puse a indagar. Rellené un formulario electrónico, como no, para optar a plazas de promoción interna. La mayoría ofrecían mayor responsabilidad por casi el mismo salario. Horror de los horrores: no requerían estudios, solo práctica en el puesto. ¿Para qué había estado estudiando entonces? Pero si incluso ya me estaba planteando seguir aumentando mi reciente cultivo del alma, con el consiguiente gasto económico y un nuevo encierro en vida. Qué raro comenzaba a sonarme aquello. No obstante, continué escudriñando su página oficial de empleo por si algún día sonaba la flauta por simple casualidad. No lo hizo. Pronto descubrí que había tres únicas y simples opciones: más responsabilidad casi mismo sueldo; ser comercial de sus productos; o puestos de directivo con nombres extrañísimos para los que a todas luces era imposible adquirir la experiencia requerida en su desempeño, si nadie se molestaba previamente en colocarte en dicho puesto. Esto comenzaba a recordarme aquellos casi fallidos enchufes. Ya empezaba a estar resignado a conformarme con cualquier cosa, siempre que requiriera estudios superiores y ofreciera un mínimo de realización personal. Ser útil en algo importante vitalmente. ¿Tan imposible era? ¿Una empresa que mantenía miles de puestos variados en sus funciones no podía ofrecerme un poco de responsabilidad pagada y amena a mis instintos? Todo indicaba que tampoco había para mí un terreno adecuado en este caso. Ya había tocado techo en mi ascenso profesional sobre una moto y repartiendo papeles de casa en casa. Estaba nuevamente abatido. Mis datos personales y laborales comenzaron de nuevo a distribuirse a gran escala. Esta vez amplié la búsqueda a todo lo relacionado con mis estudios, aunque no lo estuviera a mi especialización.

53

La vida me fue haciendo sentir, insidiosamente, un ave de paso. El tiempo se había ido alargando, y no había prestado mucha atención a su silencioso transcurrir debido a lo ocupado que estaba en perfeccionar mi crecimiento personal. Mi continua inadaptación laboral, los noviazgos invariablemente desastrosos; unos felices; otros no tanto; todos con un final triste como todos los finales, se habían unido a un vagar perpetuo a través de casas y alquileres diferentes en diferentes pueblos, a una inmortal esperanza de hallar el momento y el lugar que me eran predestinados en el espacio que para todos tiene reservada la existencia vital. La sensación de desarraigo estaba llegando al límite de lo que mi persona podía soportar, el problema, para variar había uno, era que aún no me había dado cuenta de ello.

Tras la ducha, después de una mañana de trabajo como cualquier otra, repartiendo las mismas cartas de siempre en el mismo lugar de costumbre, reparé en mi aspecto reflejado en el espejo cuando me disponía a afeitarme. Era un hombre. Todo parecía haber quedado atrás. Era un hombre adulto. No podía decir que fuera un señor mayor ni mucho menos, pero mi tiempo para encauzar la vida se estaba escapando entre los dedos a una velocidad asombrosa. Eché la vista hacia el pasado, asqueado, sin poder ver ya delante de mí un futuro como el que siempre había soñado. A decir verdad no distinguía futuro alguno. Había perdido el último tren, la pólvora de mi cartucho final estaba defectuosa, mojada probablemente, no había hecho explosión y ningún proyectil había acertado en ninguna diana. Por fin fui consciente del error. Siempre estuvo ahí, tan cerca de mis ojos, que las retinas fueron incapaces de enfocar su imagen y mandarla hacia las zonas occipitales de mi corteza cerebral a través de los nervios ópticos. Sin llegar a las áreas de la visión, no pude descifrar el mensaje distorsionado por la ilusión y la esperanza. Mis estudios habían llegado demasiado tarde, cargados de fe y ayudados por un alma desesperada y luchadora, pero demasiado tarde. Cuando terminé, ya no podía competir con miles de estudiantes jóvenes, tan preparados como yo o más, y que poseían una infinita ventaja sobre mí: Sus mentes eran frescas y vírgenes, no estaban degradadas por la continua precariedad laboral que minando tu espíritu acaba por corromper tus esperanzas. Tú no lo sabes, pero quien debe emplearte lo ve desde una perspectiva más amplia, le pagan por ello, su labor es escoger el perfil más adecuado al puesto ofertado. Tú eres otra rama torcida hace ya tantos años, que no resultas una buena inversión empresarial. ¿Perder el tiempo en formarte de manera específica para el puesto en cuestión, a ti, un personaje que llega ya viciado con tendencias a pensar por sí mismo, a tener ideas de cosecha propia? ¿Alguien que tras la formación específica que le entreguen, ya estará junto al punto de inflexión que le lleve a la jubilación, que estará a las puertas de girar la curva laboral que le permita vislumbrar la meta final aunque aún sea en la lejanía? No gracias. Las empresas cometen un grave error: No quieren gente con ideas propias, ne cesitan empleados a quienes inculcar sus modelos corporativos, y una vez hayan aceptado y asimilado estos hasta el tuétano de sus más diminutos huesos, entonces sí, ya pueden moverse por sus puestos de responsabilidad recién estrenados, en los que pondrán en práctica sus conocimientos por el bien común. Conocimientos que ya han sido manipulados subrepticiamente desde su base, no en las universidades donde el saber es neutral, preestablecido y estandarizado para poder ser medido y analizados sus datos con las tablas o programas informáticos al uso. Manipulados con disimulo apenas bien fingido para ser adaptados a las necesidades del mundo del dinero, de la política de los números. Por desgracia, se deja de lado la necesaria creatividad que los años aportan a la personalidad del ser humano, en favor de una manipulación a la carta, perdiendo el verdadero encanto y magia que el conocimiento vital aporta al intelectual aprendido en las universidades. Se deja marchitar el discernimiento en potencia que hemos ido acumulando con el paso del tiempo, y que tanto bien puede hacer junto a la experiencia laboral concreta que solo puedes adquirir si te dan la oportunidad de hacerlo trabajando día a día, asimilando por momentos toda la información nueva junto a la ya almacenada, creando una nueva perspectiva al aprovechar las sinergias que hacen que dos más dos no siempre lleven al resultado infalible de un consabido y triste cuatro, cerrando las puertas a que el todo sea mucho más que la suma de sus partes.

Me afeité por fin, vistiéndome y saliendo a la calle, derrotado. Comería en el bar situado debajo de mi nueva casa. Alquilada de nuevo para variar. No me privaría de nada: buena comida, buen vino, buen café... Necesitaba no pensar, y aunque la experiencia me había demostrado que esa no era la mejor manera de conseguirlo, qué más daba, un día era un día. Tras dar una mirada a la carta, pedí al camarero del lugar lo que me pareció más en sintonía con mi estado de ánimo. Me dejé caer en una mesa cercana a las cristaleras que daban a la avenida exterior, observando el tráfico como hiciera tantos años atrás con los viejos amigos en un dulce viaje escolar. Un periódico descansaba doblado a un lado de la mesa rectangular, demasiado grande para un simple comensal. Sin prestar atención, pasé las páginas hacia la sección de ofertas de empleo, como tantas veces había hecho durante demasiado tiempo, cuando las esperanzas de lograr mis objetivos aún no se habían agotado del todo como un pozo al que se le extrae toda el agua. La misma basura laboral de siempre ocupaba los mismos lugares. Las voces de la cocina distrajeron mi atención en aquel bar de comidas caseras bastante desierto. Pasada la refleja reacción de orientación, volví a dirigir mis ojos hacia el amarillento papel. Algo llamó mi curiosidad de improviso: En el centro de la hoja, con unas letras algo mayores que las circundantes y enmarcado en un escueto rectángulo negro, pude leer: "Se requiere personaje anónimo de aeropuerto. Necesaria disponibilidad temporal absoluta para realizar continuos viajes a escala mundial. Se valorarán estudios superiores universitarios e idiomas extranjeros". Era mi oportunidad, cumplía todos los requisitos, ofrecían todo lo que un desarraigado solitario puede necesitar: viajar con todo incluido todo el tiempo por todo el mundo.

Demasiado bonito para ser verdad. No quería hacerme ilusiones, pero la realidad era que ya no tenía ganas de beber y comer como un tonto, ya comenzaba a soñar de nuevo. Las cosas se ponían en movimiento otra vez. Ya ni se me pasaba por la cabeza que todo fuera a salir bien pero… Comencé a marcar el número de teléfono que aparecía en el anuncio para concertar una entrevista.

54

Mirando la multitud expandirse a su antojo como agua derramada, como caudal de río desbordado, recordé el motivo que me llevó tiempo atrás a dejar de beber. Me encontraba fatal, aún peor que cuando había decidido hacerlo para olvidar en aquellos fluidos, la pérdida de la promesa de amor eterno que nadaba en aquellos ojos que ahora ya creía haber soñado.

La vida me enseñó ya en el pasado lejano, que el alcohol solo debe ser utilizado en momentos de alegría. Las drogas por lo general y la bebida en particular, siempre te conducen a incrementar el estado de ánimo en el que te encuentras, por tanto, qué sentido puede tener utilizarlo cuando la pesadumbre te embarga, si lo único que con toda seguridad conseguirás será sentirte aún peor. Por suerte había comido bastante, lo que había ayudado a que los vapores químicos de aquel inmundo depresor del sistema nervioso, no hubieran extendido demasiado sus garras ponzoñosas por la infinidad de neuroreceptores a los que son dados a perturbar en su interactuación. Dirigí la mirada hacia mi compañero tras la barra, él en su lado se aburría momentáneamente sin prestarme atención, yo en el mío ya no tenía nada que hacer. Daría un paseo hacia los servicios y volvería a consultar la pantalla de vuelos. Amontonando todas las sobras en la bandeja que suelen utilizar estos establecimientos de paso, la vacié acto seguido en la enorme papelera al uso y me dispuse a salir, despidiéndome con la mano del pobre chico de uniforme chillón. Arrastrando mi maleta y con el abrigo bajo el brazo, me perdí de nuevo entre la multitud, que parecía haber decaído un poco tal vez con el paso de las horas. Nadie me prestó atención.

Tras el nuevo paso por la estación de descarga de lastre más o menos sólido, fui a buscar la informativa pantalla y por fin, esta indicaba una hora establecida para mi vuelo. Aún faltaban cerca de sesenta minutos, pero ya no podía hacer nada más que acercarme a la zona de embarque y esperar a que permitieran el paso. ¿Qué habría sido de ella? Poco podía importar ya, era un momento muy avanzado del día muerto, y hasta este tipo de aeropuertos que nunca descansan, parecía adormilado al menos. Podía imaginarla perfectamente tranquila, tras una ducha y algo de comida, sentada en el sofá de su casa. Su casa… probablemente sería un hogar, un lugar decorado con gusto sencillo y amoroso, con la dedicación que prestamos a los objetos que nos importan y apreciamos. Ahora estaría allí, medio reclinada y abrazada a su pareja que la habría estado esperando durante horas, echándola de menos como a su más preciado talismán de la suerte. ¿Qué me habría llevado a pensar que aquel misterioso ser llegado con total seguridad de otro mundo, fuera un espectro marginal como yo? ¿Por qué iba a ser alguien anónimo y perdido sin más meta que el olvido? La eterna huida hacia delante, que vista con la perspectiva de los años parecía mi propia existencia, me había llevado a querer ver en un alma sencilla y bonita, en una flor de hermosos colores, el reflejo de mi propia y negra persona. Yo no era más que un cactus curtido en la sequía del desierto, una planta aletargada que solo producía alguna flor pequeña y deslucida cada varios años, un fantasma que arrastrando la cadena de su pasado, se deslizaba por los aeropuertos del mundo en una carrera para la que aún no habían establecido una meta. Si no había entendido y encontrado ya el secreto de mi razón de ser, era inútil pensar que fuera a encontrarlo en la persona de un idilio, imaginado por mi mente en su continuo reprogramarse hacia la felicidad. Nunca encontraría lo que nunca había existido. Muy probablemente esto era todo, sencillamente los seres vivos mantenemos las esperanzas hasta el final. Acorralados contra un muro, plantaremos cara al peligro hasta vencerlo, y si no es factible la lucha, trataremos de romper a cabezazos puros y duros la pared que nos corta el camino, aunque dejemos la vida en el intento. Hasta perder el último aliento en el sufrido intento. Al fin y al cabo para eso hemos nacido, para vivir hasta que las últimas fuerzas nos abandonen para siempre. Parece que algunas personas tenemos ese camino marcado en nuestros destinos: aguantar hasta el final esperando algo que nunca va a llegar.

De modo casi automático había ido avanzando por corredores amplísimos, dejando atrás las continuas bifurcaciones que iban separando como un tamiz las incontables puertas de embarque. Me dejé arrastrar por unas escaleras mecánicas, tomé el camino de la derecha, después el de la izquierda, y por fin otro pasillo me indicó la dirección de las tres últimas puertas, una de las cuales era la que correspondía a mi vuelo. Este pasadizo algo más estrecho, terminaba en una sala amplia desde donde se escuchaba el rumor de multitud de voces expresadas en idiomas diferentes. Al entrar en la sala, pude ver que la parte situada a mi derecha, estaba plagada de bancos unidos entre sí y de personas que los ocupaban. Les di una vaga mirada y continué mi camino. Mi puerta era la última. Al llegar a la mitad del trayecto, miré hacia otra pantalla de horarios que colgaba a mi izquierda, y tras una nueva comprobación de que todo era correcto, más por costumbre que por miedo a equivocarme, terminé de caminar el trecho restante hasta los bancos insulsos destinados a mi puerta. Encontré un lugar vacío junto a la cristalera y me dejé caer en él. Fuera, la lluvia seguía cayendo con la misma perezosa tranquilidad que a mi llegada me recibiera. Solo quedaba esperar.

Absorto, con la mirada fija en la oscuridad húmeda del exterior, apenas era consciente del paso de los minutos en el giro perpetuo del planeta. Las luces de los aviones en su ir y venir me eran indiferentes. El rumor de los pasos me sacó de mi triste ensoñación. Dirigí mi igualmente indiferente atención hacia el mostrador de embarque, y tras él, dos azafatas de vuelo con aspecto cansado pero por supuesto sonriente, estaban comprobando los billetes y los pasaportes. Los viajeros se arremolinaban en toda la sala tratando de formar una cola ordenada. En cualquier otra ocasión, la costumbre me hubiera llevado a esperar ver menguar la hilera antes de incorporarme a ella, pero el cansancio y el hartazgo del momento, me hicieron optar por levantarme y tratar de ocupar un puesto que me llevara al recogimiento del asiento de un nuevo avión. Arrastrando mis trastos de viaje, me coloqué tras el último caminante, pero pronto dejé yo de ocupar ese precario puesto. A paso lento, me desplazaba con la coronilla de mi predecesor por toda distracción. Hacia el lado contrario de la sala, el revoltijo rumoroso de pasos y voces indicaba que las otras puertas también estaban siendo abiertas, y se formaban poco a poco un par de colas humanas más.

La azafata parecía tener algún problema con mi documentación, no sé si sería un problema de impresión de las letras o de falta de anteojos para ver de cerca, el caso es que el aburrimiento y la casualidad me hicieron levantar la vista hacia la cola de al lado. Allí estaba ella, en la misma situación que yo pero en paralelo. O también su azafata tenía problemas oftalmológicos, o el destino tenía guardado para mí un regalo vital de última hora, una especie de enésima oportunidad. Justo en ese momento, levantó su bonito rostro con la misma expresión cansada que yo debía tener en mi cara. Aquellos ojos imposibles en los que bien podían estar girando miles de galaxias a la vez por mero capricho de aquel ser celestial, se posaron justo en los míos, tan negros como la materia inexplorada que contiene al universo. Tras el cristal de sus finas gafas vi brillar la luz del reconocimiento, del mismo modo que brotaba en mi alma la misma sensación. Una enorme y sincera sonrisa iluminó su sencillo y hermoso semblante de rasgos simétricos. Me sonreía abiertamente, con la simple complicidad en que se sonríen dos amantes para los que no hace falta hablar. Todo estaba siendo dicho en apenas unos segundos. Mi pasaporte y tarjeta de embarque aparecieron entre mis manos. Miré hacia atrás, hacia la multitud, con un principio de ataque de claustrofobia. Los impacientes viajeros comenzaban a hacer presión como educadas hordas silenciosas. Volví a mirarla, sus ojos ahora más serios buscaban los míos, en sus manos sostenía la documentación. La azafata me pedía con semblante fastidiado algo en un lenguaje tan universal como desconocido. Cientos de almas humanas nos arrastraron a cada uno por un pasillo. Corriendo por el túnel de embarque miré hacia el exterior a través de sus gastadas ventanas de plástico: un abrigo marrón, una maleta negra, un cabello rojizo… todo se lo tragó un autobús abarrotado de gente. Parecía que su cabeza acabara de girarse hacia el interior del vehículo, como si antes hubiera estado dirigida hacia el agobiante tubo que me envolvía. Las puertas se cerraron tras ella y el vehículo partió hacia las húmedas pistas de despegue. Este es el único motivo por el que sigo manteniendo aún el mismo empleo. Nunca más he vuelto a verla.

Cualquier lugar del mundo en mayo de 2014.